Das Neue Palais in Potsdam

Friedrich der Große (1763–1786)

König Friedrich II. von Preußen, Gemälde von Johann Georg Ziesenis, 1763

Das Neue Palais im Potsdamer Park Sanssouci ist die umfangreichste baukünstlerische Schöpfung König Friedrichs II. von Preußen (1712–1786). Das prunkvolle Sommerschloss entstand in den Jahren 1763 bis 1768 unmittelbar nach dem Ende des Siebenjährigen Krieges. Bereits 1755 hatte der König den Entschluss gefasst, außerhalb von Potsdam ein weitläufiges Schloss errichten zu lassen, das im Gegensatz zum recht kleinen Schloss Sanssouci, seinem privaten Rückzugsort, Platz für fürstliche Gäste, die königliche Familie und repräsentative Anlässe bieten sollte.

Zunächst waren mehrere Bauplätze am Rande von Potsdam favorisiert worden, unter anderem ein Standort am Heiligen See oder – direkt in der Achse des Schlosses Sanssouci positioniert – an der Havel auf dem Kiewitt.[1] Der Siebenjährige Krieg (1756–1763) unterbrach diese Planungen. Erst nach dem Frieden von Hubertusburg konnte Friedrich II. sein Vorhaben umsetzen. Er entschied sich allerdings nun für einen Bauplatz am westlichen Ende der Hauptallee des Parks Sanssouci.[2] 1751 war an dieser Stelle bereits das Fundament einer Grotte entstanden, die den Abschluss der Parkanlage bilden sollte, als Gegenstück zum Obelisken am gegenüberliegenden Ende der Hauptallee.[3] Die Leitung des Baus lag zunächst in den Händen der Architekten Johann Gottfried Büring (1723–nach 1788) und Heinrich Ludwig Manger (1728–1790), ab 1764 trat Carl von Gontard (1731–1791) an die Stelle der beiden. Büring hatte das Gebäude zwar entworfen, die Bauarbeiten konnte er nicht mehr betreuen, da es zum Streit mit dem König gekommen war. Friedrich hatte dem Architekten Unregelmäßigkeiten in der Rechnungsführung vorgeworfen.[4] Die Hauptaufgabe Carl von Gontards lag vor allem in der Anlage und Gestaltung der Innenräume. Der prachtvolle Schlossbau war von Friedrich II. als Prestigebau gedacht, der nach den gewonnenen drei Schlesischen Kriegen Preußens neue Rolle unter den Großmächten Europas symbolisieren sollte. Auf die Funktion als repräsentatives Gäste- und Festschloss beziehen sich auch die drei Grazien auf der Hauptkuppel: Thalia (die Festfreude), Aglaia (die Glänzende) und Euphrosyne (der Frohsinn), die die preußische Königskrone tragen.

Zur Schlossanlage gehören zwei westlich des Neuen Palais liegende, höchst aufwendige prächtige Gebäude: die Communs. Nach Entwürfen des Architekten Jean Laurent Legeay (nach 1710–nach 1786) errichtete Carl von Gontard von 1766 bis 1769 die beiden repräsentativen Bauten, die über einen Kolonnadenbogen und ein Triumphtor miteinander verbunden sind. Anders als die aufwendigen Fassaden vermuten lassen, dienten die Gebäude zur Unterbringung der Hofverwaltung, des Gefolges, der Dienerschaft sowie der Küche. Die monumentale Architektur, insbesondere die Kolonnaden und das Triumphtor, bildeten wie ein barockes Bühnenbild den Rahmen für den neu entstandenen Festplatz, der sogenannten Mopke, und schlossen gleichzeitig die Schlossanlage und den Park Sanssouci wirkungsvoll nach Westen ab.

Die Gartenseite des Neuen Palais, Feder, laviert, Zeichnung von Andreas Ludwig Krüger, 1780

Die Wohnungen der königlichen Familie und der fürstlichen Gäste

Die Nutzung und Funktion der Räume des Neuen Palais durch Friedrich den Großen ist aus Anlass seines 300. Geburtstages im Jahr 2012 in der Ausstellung »Friederisiko – Friedrich der Große«[5] und mehreren thematischen Aufsätzen umfassend wissenschaftlich untersucht worden.[6]

Die Wohnung des Königs (R. 179–180, 208–217) befindet sich im südlichen Seitenflügel des Schlosses. Die Lage der Räume in einem Nebentrakt war keinesfalls als Bescheidenheit des Monarchen zu verstehen, vielmehr war sie für eine »Maison de Plaisance« (ein Lustschloss) des 18. Jahrhunderts nichts Ungewöhnliches.[7] In unmittelbarer Nähe zur Königswohnung lag das Appartement des französischen Philosophen Marquis d'Argens (1703–1771) und dessen Ehefrau Barbe Cochois (1754–?). Die besondere Lage dieser Wohnung war als Gunstbeweis des Königs zu verstehen (R. 193–207).[8]

Das Appartement des Prinzen von Preußen, des späteren Friedrich Wilhelms II. (1744–1797), befand sich ebenfalls in unmittelbarer Nähe der Königswohnung. Entsprechend seinem Rang als Thronfolger stand ihm diese direkte Verbindung zu. Die Räume des früheren Appartements liegen im ersten Obergeschoss direkt über der Wohnung des Monarchen, (R. 237–240). Für die Prinzessin von Preußen bestimmte der König die Oberen Roten Kammern (R. 244–250) als Wohnung. Die Appartements des Thronfolgerpaares sind durch die Obere Galerie (R. 241) miteinander verbunden. Die im Erdgeschoss liegenden Unteren Roten Kammern (R. 182–188) waren – wie die undatierte Skizze eines Raumplans zeigt (Abb. S. 12) – für den »regierenden Herzog von Braunschweig«[9] vorgesehen. Vermutlich handelte es sich hierbei um Herzog Karl I. von Braunschweig (1713–1780), der mit Philippine Charlotte (1716–1801) – einer Schwester Friedrichs des Großen – verheiratet war. Während im südlichen Trakt des Schlosses die Wohnung des Königs und des Thronfolgerpaares lagen, waren der nördliche

Ansicht der Communs von Südwesten, Feder, laviert, Zeichnung von Andreas Ludwig Krüger, 1780

Teil für zwei Gästequartiere und drei Wohnungen für Mitglieder der königlichen Familie bestimmt.

In den zwei hohen Seitenflügeln, die den Ehrenhof begrenzen, liegen zwei gleichrangige Appartements übereinander. Im Erdgeschoss logierten Prinz Heinrich von Preußen (1726–1802) und seine Gemahlin Wilhelmine von Hessen-Kassel (1726–1808). Dabei war für den Bruder des Königs die nördliche Raumfolge zum kleinen Innenhof, dem sogenannten Eishof, bestimmt (R. 139–146). Seiner Ehefrau stand die Ehrenhofseite zur Verfügung (R. 148–157).[10] Hier waren die Zimmer klimatisch komfortabler, da sie nach Südwesten ausgerichteten waren. In der darüber liegenden Etage hatten ein Neffe des Hausherrn, Prinz Friedrich von Braunschweig (1740–1805) (R. 280–282, 289–290) und seine Gemahlin Friederike von Württemberg ihre Wohnungen (1751–1789) (R. 283, 286–288).[11]

Alle Gästewohnungen konnten von einem der vier Treppenhäuser aus erreicht werden. Das Fehlen eines repräsentativen Haupttreppenhauses hängt mit den funktionalen Anforderungen an das Wohnschloss zusammen. In erster Linie ging es darum, dass die Gäste möglichst ungestört in ihre Appartements gelangen konnten.

Für Gäste, die nicht zur Familie oder zum engeren Freundeskreis des Königs gehörten, entstanden nördlich des fünfachsigen Mittelrisalits in zwei übereinanderliegenden Etagen zwei großzügige Gästewohnungen mit identischen Raumfolgen, die sogenannten »Fürstenquartiere« (R. 257–261, 269, 272, 274–276). Die aus je zehn Zimmern bestehenden Appartements waren geteilt. Die Gesellschaftsräume lagen an der Gartenseite und die Schlafräume zum Ehrenhof.

Fürstliche Besuche im Neuen Palais

In den Jahren von 1768 bis 1785[12] empfing Friedrich der Große im Sommer zahlreiche Mitglieder der königlichen Familie sowie deutsche und europäische Fürst-

Das Neue Palais nach dem Tod Friedrichs des Großen (1787–1858)

Nach dem Tod Friedrichs des Großen am 17. August 1786 wurde das Neue Palais seltener und weniger regelmäßig für Festlichkeiten und als sogenanntes »Absteigequartier« für Mitglieder der königlichen Familie genutzt. Die nächsten sechs Jahrzehnte blieben die königlichen Appartements zumeist ungenutzt. Friedrich Wilhelm II., der seinem Onkel als König folgte, zeigte wenig Interesse am Neuen Palais. Kostbare Marmorplatten mit reichen Inkrustationen, die bisher Konsoltische und Kommoden des Palais geschmückt hatten, ließ er ins Berliner Schloss bringen. Hier wurden die Kunstwerke in den Königskammern, dem neuem Appartement Friedrich Wilhelms II., wiederverwendet.

Als fürstlicher Gast im Neuen Palais ist im Juli 1789 der Aufenthalt der Prinzessin Wilhelmine von Oranien nachweisbar. Die Schwester des Königs wurde aufs Prächtigste empfangen. Ihr zu Ehren ist auf dem Weg zum Schloss eine imposante Ehrenpforte aufgebaut worden, durch die sie einzog.[1] Im Laufe ihres sechstägigen Aufenthaltes wurden jeden Abend im Schlosstheater Opern und Komödien aufgeführt, dazu gehörte auch das hochaktuelle deutschsprachige Drama »Don Karlos« von Friedrich Schiller (1759–1805) – undenkbar unter Friedrich II., der ausschließlich französische und italienische Bühnenstücke zur Aufführung bringen ließ. Bevor die Erbstatthalterin der Niederlande nach Charlottenburg und Berlin weiterreiste, verabschiedete sie der König im Neuen Palais mit einem »Ball mit Souper«[2].

König Friedrich Wilhelm III. (1770–1840) folgte nach dem Tod seines Vaters 1797 auf den preußischen Thron. Der Monarch regte an, das Schlosstheater im Neuen Palais nach fast einem Jahrzehnt Pause wieder zu bespielen. Anlass für die Wiederaufnahme des Theaterbetriebes waren die jährlich im September stattfindenden Herbstmanöver der Potsdamer Garnison auf dem Bornstedter Feld. Das Theater sorgte für die Abendunterhaltung des Hofes und der großen Anzahl von Offizieren, die sich während der Manöverzeit in Potsdam aufhielten. Zur Aufführung kamen Schauspiele, Opern und Ballettstücke. Die Schauspieler, Musiker und Tänzer stellte das Berliner Nationaltheater zur Verfügung, das unter der Direktion von August Wilhelm Iffland (1759–1814) zum bedeutendsten deutschsprachigen Theater um 1800 avancierte.

Die Theatervorstellungen im Neuen Palais fanden bis 1805 immer an den Abenden des 20. bis 22. September statt.[3] Von Jahr zu Jahr erfreuten sie sich größerer Beliebtheit, sodass es im Jahr 1804 zu folgendem Vorfall kam. Zu einer der drei Vorstellungen war deutlich mehr Publikum in den Zuschauerraum gelassen worden, als Plätze zur Verfügung standen. In einem Bericht des Theaterdirektors von der Reck heißt es: »Es haben sich nämlich mehr als 300 Frauenzimmers (sic!) im Schauspiel eingefunden und alle Plätze besetzt. Das Corps der Herrn Offiziere hat größtenteils weggehen müssen, weil es kein Platz finden konnte.« Auch das zum Hofstaat der königlichen Familie gehörende Gefolge konnte nicht platziert werden, »vielmehr haben Prinzen, General-Leutnants und andere hohe Personen hinter dem Orchester stehen bleiben müssen und nur mit größter

Die Preisverleihung im Grottensaal des Neuen Palais. Zarin Alexandra Feodorowna übergibt die beim Carrousel gewonnenen Preise. Kolorierte Lithografie nach Johann Heinrich Stürmer, 1829 (Ausschnitt)

König Friedrich Wilhelm III. von Preußen, Gemälde von Ernst Gebauer, 1826

Mühe hat eine schmale Durchsicht nach der Bühne für die königliche Familie offen gehalten werden können«.[4] Damit sich diese Situation künftig nicht wiederholte, wurde eine Theaterordnung verfasst, die von nun an auch den Verkauf der Karten regelte.

Damit Preußen nach seiner Niederlage im Krieg mit Frankreich 1806 seine Souveränität zurückerlangen konnte, waren verschiedene langangelegte Reformen in Staat und Militär notwendig. Im Zuge dessen ließ Friedrich Wilhelm III. im Dezember 1819 eine Mustertruppe, das Lehr-Infanterie-Bataillon aufstellen, »um die Gleichförmigkeit und Übereinstimmung im Dienst und der Exerzierübungen der Infanterie zu befördern«[5]. Mit einem »Allerhöchsten Kabinettbeschluss« vom 5. Januar 1820 übergab der König dem Regiment zunächst das nördliche der beiden Wirtschaftsgebäude des Neuen Palais als Kaserne.

Das als Commun II bezeichnete Bauwerk mit einem repräsentativen Äußeren verfügte über drei Etagen mit 52 Räumen. Das Bataillon bezog das Haus im Frühjahr 1820. Im ersten Jahr wurden 20 Stuben für 76 Offiziere, Unteroffiziere und Mannschaften eingerichtet.[6] In den darauffolgenden Jahren wurden die Zimmer des südlichen Commun I ebenfalls mit Offizieren und Mannschaften belegt.

Seit den 1820er-Jahren ließ Friedrich Wilhelm III. das Schlosstheater im Neuen Palais wieder regelmäßig bespielen, auch weil das friderizianische Theater im Potsdamer Stadtschloss im Jahr 1800 Umbaumaßnahmen zum Opfer gefallen war.[7] In regelmäßigen Abständen lud der König seine Familie dorthin zur Abendunterhaltung ein.

Als sich im September 1820 seine Tochter Alexandrine (1803–1892) mit Erbgroßherzog Paul Friedrich von Mecklenburg-Schwerin (1800–1842) verlobte, wurden an zwei aufeinander folgenden Tagen Diner im Neuen Palais gegeben. Die Festgesellschaft bestand aus dem Brautpaar, dem Großherzog Friedrich Franz I. von Mecklenburg-Schwerin (1756–1837), Herzog Ernst August (1771–1851) und Herzogin Friederike von Cumberland (1778–1841) (einer Schwester der verstorbenen Königin Luise) sowie dem Bruder des Königs, Prinz Wilhelm d.Ä. (1783–1851), und seiner Gemahlin Maria Anna (1785–1846), die nach dem Tod Luises 1810 die Mutterstelle für die Braut eingenommen hatte.[8]

Im Mai 1824 gab Friedrich Wilhelm III. militärische Feste in Berlin und Potsdam. Anlass war der 10. Jahrestag der Unterzeichnung des Pariser Friedens, mit dem das Ende der französischen Vorherrschaft in Europa ratifiziert worden war. Nach einem Diner und einer Theateraufführung im Schloss Charlottenburg begaben sich alle »Generale und Stabsoffiziere, wie die General-Ärzte und der General-Intendanz-Arzt«[9] – insgesamt 146 Personen, die an den Feldzügen von 1813/14 und 1815 teilgenommen hatten – nach Potsdam. Am 30. Mai 1824 fand im Neuen Palais ein Militär-Gottesdienst statt.[10] An diesem national bedeutenden Ereignis nahmen neben den Offizieren auch alle Mitglieder der königlichen Familie teil.

Das Palais blieb ein wichtiger Treffpunkt der Hofgesellschaft. In den 1830er-Jahren wurde das Schloss-

theater weiterhin regelmäßig bespielt. Anlässlich der Besuche der verwitweten Königin Karoline von Bayern (1776–1841) 1833[11] und von Zarin Alexandra Feodorowna (1798–1860) 1834[12] bat Friedrich Wilhelm III. ins Neue Palais. Der Ablauf des Festgeschehens war immer gleich: Diners im Grottensaal, Komödie im Schlosstheater und Souper in der Oberen Galerie. »Diner, Komödie und Souper«, so lautete der gleichbleibende Kommentar in den Akten des Hofmarschallamtes.[13]

Das Hoffest »Der Zauber der weißen Rose«, 1829

Das Fest »Der Zauber der weißen Rose« zählte nach dem Aufenthalt von Großfürst Paul Petrowitsch von Russland im Jahr 1776 zu den prunkvollsten Festen, die im Neuen Palais gefeiert wurden. Der Geburtstag der russischen Zarin am 13. Juli 1829 war der Anlass für das prachtvolle Ritterturnier. Zarin Alexandra war die älteste Tochter König Friedrich Wilhelms III. und der Königin Luise (1776–1810). Im Jahr 1817 hatte sie als Prinzessin Charlotte den Erben des Zarenthrones geheiratet und führte seit ihrem Konfessionswechsel den Namen Alexandra Feodorowna. Die Lieblingsblume der Zarin war die weiße Rose. Daher ist Charlotte bereits als junges Mädchen von ihrer Familie nur »Blanchefleur« genannt worden. Blanchefleur war eine Hauptperson im 1812 erschienenen Roman »Der Zauberring« von Friedrich de la Motte Fouqué (1777–1843), der zur Lieblingslektüre der königlichen Kinder gehörte. Das russische Zarenpaar war einer Einladung des preußischen Königs gefolgt, um an den Hochzeitsfeierlichkeiten des Prinzen Wilhelm von Preußen (1797–1888) und der Prinzessin Augusta von Sachsen-Weimar und Eisenach (1811–1890) in Berlin am 11. Juni 1829 teilzunehmen. Während der Zar nach dem Ende der Feierlichkeiten nach Warschau weiter reiste, blieb seine Gemahlin für einige Wochen im Kreis ihrer preußischen Familie in Berlin und Potsdam zurück.

Mit einem Carrousel (mittelalterlich inspiriertes Schaureiten) im Ehrenhof des Neuen Palais wurde das Fest »Der Zauber der weißen Rose« eröffnet. Kolorierte Lithografie von Eduard Gaertner, 1829

gusta blieb das friderizianische Gästeschloss bis zur Fertigstellung von Schloss Babelsberg im Jahr 1835 zunächst der Wohnsitz in den Sommermonaten. So ist der erste Geburtstag der Prinzessin Augusta nach ihrer Hochzeit am 30. September 1829 im Neuen Palais gefeiert worden. Nach einer »Comödie« im Schlosstheater wurde in der Oberen Galerie festlich gespeist.[16] Prinzessin Augusta brachte am 18. Oktober 1831 im Schlafzimmer der ehemaligen Wohnung der Prinzessin Heinrich (R. 154) ihren einzigen Sohn zur Welt. Der spätere Kaiser Friedrich III. (1831–1888) erhielt bei seiner Taufe im Neuen Palais den für die Mitglieder des Hauses Hohenzollern typischen Namen Friedrich Wilhelm. Einer der wenigen Hinweise auf die Lage der Wohnung des Prinzenpaares ist eine Vedute auf einem 1832 entstandenen Porzellantisch der Königlichen Porzellanmanufaktur (KPM) Berlin. Der Tisch war ein Geschenk Friedrich Wilhelms III. an seine Schwiegertochter Augusta.[17] Bei der Beauftragung zur Herstellung der Darstellung hieß es: »Ansicht des neuen Palais in Potsdam so daß der Seitenflügel und die Zimmer die Ihre Königl. Hoheit die Prinzeß Wilhelm Schwiegertochter Sr. Majestät des Königs bewohnt hat, besonders auffallen.«[18]

Sommerwohnung für Mitglieder des königlichen Gefolges

Mit dem Regierungsantritt von König Friedrich Wilhelm IV. im Jahr 1840 bezog der neue Monarch Schloss Sanssouci in den Sommermonaten. Das Rokoko war abermals in Mode, die Inneneinrichtungen der friderizianischen Schlösser wurden nicht mehr als unmodern empfunden. Damit rückte auch das Neue Palais wieder mehr ins Zentrum des königlichen Hoflebens. Da das kleine Sommerschloss auf dem Weinberg für die Unterbringung des Gefolges nicht genügend Platz bot, nutzte das Hofmarschallamt dafür das in der Nähe gelegene Neue Palais.

Ab 1840 logierten Mitglieder von Hofstaaten, wie Oberhofmeisterinnen und Hofdamen, in den Seitenflü-

Die älteste fotografische Außenaufnahme des Neuen Palais, Johann Franz Michiels, Salzpapier, 1856
Michiels war auf Einladung Friedrich Wilhelms IV. nach Potsdam und Berlin gekommen, um Architekturaufnahmen anzufertigen. Das Neue Palais wurde in dieser Zeit von keinem Mitglied der königlichen Familie bewohnt. Es war ein Museum, das besichtigt werden konnte. Dieses seltene Lichtbild dokumentiert den technischen Fortschritt der Fotografie in besonderer Weise.

geln des friderizianischen Prachtbaus. Die aus zwei bis drei Zimmern bestehenden Wohnungen lagen im niedrigen nördlichen Schlossflügel (R. 119–128). Dieser Flügel führt seitdem die Bezeichnung »Hofdamenflügel«. 1849 bezogen »Frau Generalin von Rauch«, Hofdame der »Prinzessin Carl«, sowie Gräfin von Meuron, Oberhofmeisterin der »Prinzessin Albrecht«, dort ihre Suiten.[19] Auch das pensionierte Gefolge fand hier eine repräsentative Bleibe, wie Sophie von Bergh, Hofdame der bereits 1808 verstorbenen Prinzessin Wilhelmine von Hessen-Kassel und Ehefrau des Prinzen Heinrich von Preußen.[20]

Zu einem Hilfegesuch besonderer Art kam es 1851. Gräfin Mathilde von Brandenburg (1795–1855) bat den König um Aufnahme in das Neue Palais für sich und ihre vier Töchter. Sie befand sich nach dem Tod ihres Mannes in einer Notlage. Ihr kurz zuvor verstorbener Gemahl, der preußische Ministerpräsident Graf Friedrich Wilhelm von Brandenburg (1792–1850), war zugleich der Sohn König Friedrich Wilhelms II. aus dessen morganatischen Ehe mit Gräfin Sophie von Dönhoff (1768–1834). Friedrich Wilhelm IV. nahm die Schwiegertochter seines Großvaters auf. Er stellte ihr die aus 13 Räumen bestehende untere Etage des Theaterflügels zur Verfügung (R. 193–198, 201–207).[21]

Das Appartement ist im Mai 1851 bezogen worden. Der preußische Hof gab der verwitweten Gräfin eine Anstellung. 1852 übernahm sie die vakante Stelle der Oberhofmeisterin von Königin Elisabeth (1801–1873). Somit stand Mathilde von Brandenburg dem Hofstaat der preußischen Monarchin vor und war zudem noch wirtschaftlich abgesichert, da dieses Hofamt dotiert war.[22] Lange Zeit konnte die neue Oberhofmeisterin ihr Hofamt nicht wahrnehmen, da sie bereits 1855 im Alter von 59 Jahren verstarb.

Linke Seite: König Friedrich Wilhelm IV. von Preußen, Gemälde von Franz Krüger, 1844

Kaiser Friedrich III. (1859–1888)

Das Neue Palais als Sommerwohnung des preußischen Kronprinzenpaares

Im Januar 1858 heiratete der preußische Prinz Friedrich Wilhelm die britische Prinzessin Victoria (1840–1901). Ihre Mutter, Queen Victoria (1819–1901), hatte ihr den Titel Princess Royal verliehen. Der Hohenzollernprinz war Neffe und Erbe des kinderlosen Königs Friedrich Wilhelm IV. und stand damit nach seinem Vater Prinz Wilhelm, dem späteren Kaiser Wilhelm I., an nächster Stelle der Thronfolge. Wilhelm hatte 1857 als Prinz von Preußen die Stellvertretung für seinen durch mehrere Schlaganfälle gesundheitlich beeinträchtigten Bruder Friedrich Wilhelm IV. übernommen, ab 1858 führte er die Regierungsgeschäfte in Preußen.

Prinz Wilhelm hatte sich bewusst für das Neue Palais als Wohnsitz für seinen Sohn entschieden. Bei der Wahl für das Gebäude war neben der historischen Bedeutung auch die entsprechende Größe des Bauwerks ausschlaggebend, da Friedrich Wilhelm und Victoria als künftiges Kronprinzenpaar mit einer großen Hofhaltung ausgestattet sein würden. Nicht zuletzt wird es bei der Entscheidung für die Schlossanlage auch eine Rolle gespielt haben, dass Victoria die älteste Tochter der britischen Königin war.

Nach der Hochzeit in London und seiner Ankunft in Berlin bezog das Prinzenpaar im Februar 1858 zunächst seine Winterresidenz, das Königliche Palais Unter den Linden (heute Kronprinzenpalais). König Friedrich Wilhelm III. hatte mit seiner Ehefrau Luise hier gewohnt und war dort 1840 auch gestorben. Unmittelbar nach der Verlobung des Prinzen Friedrich Wilhelm war das Palais von 1856 bis 1857 durch den Hofbaurat Johann Heinrich Strack (1805–1880) im Hinblick auf die künftige Nutzung des Gebäudes grundlegend umgebaut und erweitert worden. Das Äußere des aus der ersten Hälfte des 18. Jahrhunderts stammenden Barockpalais veränderte sich bis 1857 radikal. Das Mansarddach ersetzte Strack zugunsten eines dritten Geschosses. Die Hauptfront erhielt kolossale Pilaster, und über der Eingangsrampe einen von vier Säulen getragenen Altan.[1]

Im Mai 1858 bereitete sich das Prinzenpaar auf seinen ersten Sommeraufenthalt in Potsdam vor. Allerdings befanden sich die Innenräume des Neuen Palais in einem

Doppelporträt des Prinzen Friedrich Wilhelm von Preußen und seiner Braut Prinzessin Victoria von Großbritannien und Irland, Gemälde von Minna Pfüller nach Franz Xaver Winterhalter, 1858

Linke Seite: Kaiser Friedrich III. als Kronprinz in der Uniform des Kürassier-Regiments »Königin« (Pommersches) Nr. 2, Pastell von Heinrich von Angeli, 1874. (Ausschnitt)

Das Neue Palais als Sommerwohnsitz des Kronprinzenpaares, um 1880
Als die kronprinzliche Familie das Neue Palais bewohnte, präsentierte sich die Gartenseite noch im friderizianischen Zustand. Die Errichtung der Sandsteinbalustrade mit dem Trophäen-, Putten- und Vasenschmuck sowie die imposanten schmiedeeisernen Kandelaber waren Teil der umfangreichen wilhelminischen Baumaßnahmen, die ab 1889 einsetzten.

beklagenswerten Zustand. Der für die Kunstsammlungen zuständige Hofbeamte Robert Dohme (1845–1893) schrieb, dass das Neue Palais »seinem gänzlichen Verfall entgegen« gehe, wenn nicht bald genügend Gelder für die Restaurierung »für Erneuerung der Wand-, Deckendekoraktion, Tapeten und Meubles bewilligt« würden. »Leider sind […] alle übrigen Räume dieses Schlosses, in welchem seit beinahe hundert Jahren gar keine durchgehenden Erneuerungen stattfanden […] in einem sehr desolaten Zustande. Die Spiegel in der großen Marmorgalerie im Erdgeschoss sind über und über mit Stockflecken bedeckt […].« Die Wohnung Friedrichs des Großen »entbehrt zum Theil der Meubles Bezüge und sind durch leinene Schutzkappen bedeckt; die seidenen Tapeten sind ausgebleicht, die Gardinen zum Theil zerrissen, die Meubles vom Wurm zernagt […]. So sieht es im ganzen Schlosse aus.«[2]

Das Neue Palais war im Frühjahr 1858 noch nicht bezugsfertig, da in den künftigen Wohnräumen des Prinzenpaares die Handwerker mit Neuvergoldungen und -lackierungen von Boiserien, Türen und Fenstern beschäftigt waren.[3] Daher verbrachten Friedrich Wilhelm und Victoria den Sommer 1858 im Schloss Babelsberg,[4] der Residenz seines Vaters.

Im Mai 1859 konnte das Prinzenpaar, inzwischen Eltern geworden, das Neue Palais für die Sommermonate beziehen. Am 27. Januar 1859 war in Berlin ihr erster Sohn, der spätere Kaiser Wilhelm II. (1859–1941), zur Welt gekommen. Die junge Familie richtete ihre Wohnung im ersten Obergeschoss des hohen nördlichen

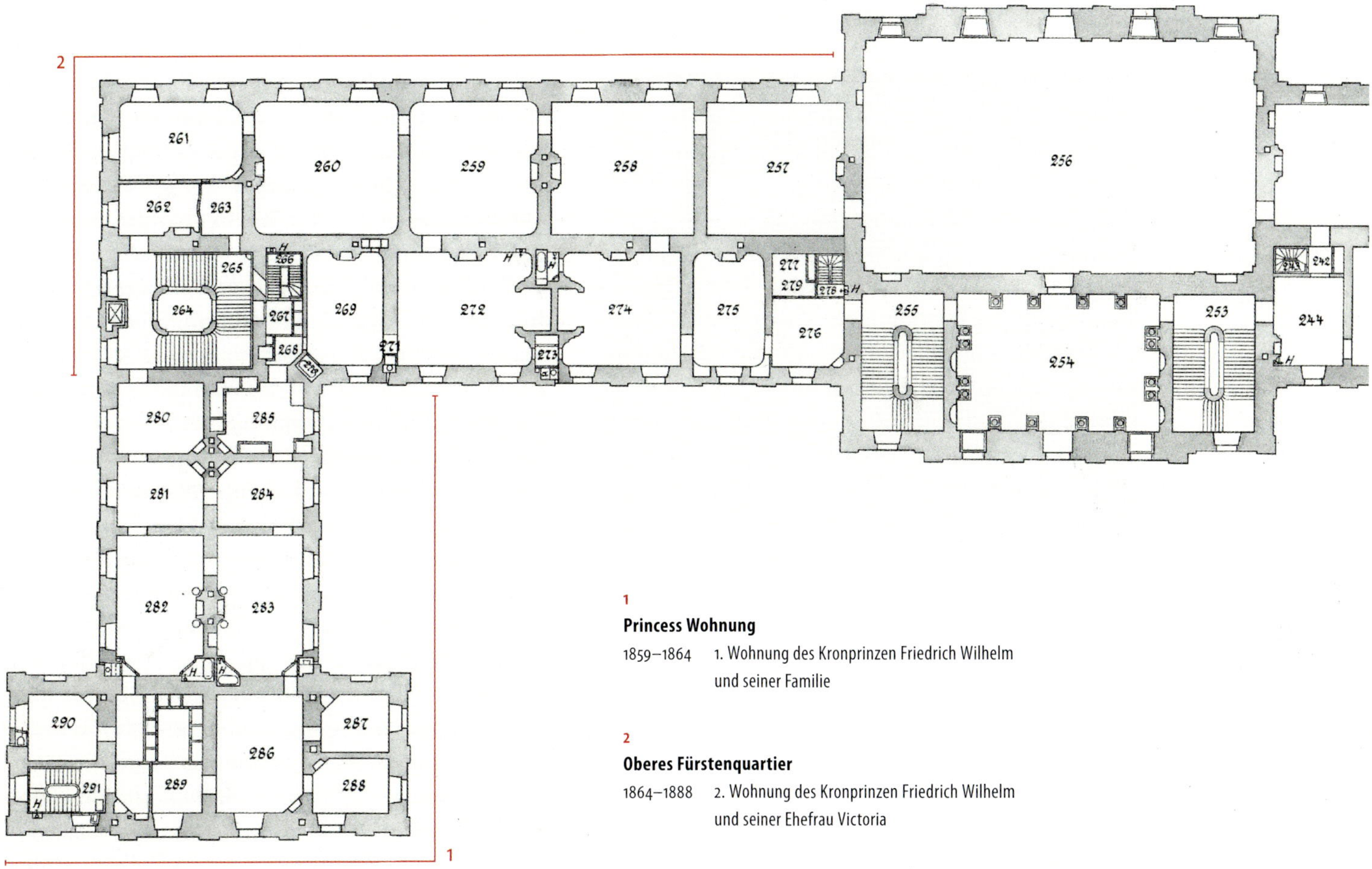

1
Princess Wohnung
1859–1864 1. Wohnung des Kronprinzen Friedrich Wilhelm und seiner Familie

2
Oberes Fürstenquartier
1864–1888 2. Wohnung des Kronprinzen Friedrich Wilhelm und seiner Ehefrau Victoria

Lage der Wohnungen des Kronprinzenpaares Friedrich Wilhelm und Victoria. Grundriss des ersten Obergeschosses (Ausschnitt) von Otto Wittig, 1910

Seitenflügels ein, der einen Teil des Ehrenhofes einfasst. 30 Jahre zuvor war dieser Schlossflügel bereits von den Eltern Friedrich Wilhelms bewohnt worden.

Die Wohnung umfasste elf Räume. Victoria betrat ihr Appartement über das Nordtreppenhaus (R. 264). Die Wohnung wurde mit dem Vorzimmer (R. 280) und einem »Wartezimmer« (R. 281) eröffnet. Es folgt ein »Salon« (R. 282), der von Friedrich Wilhelm und Victoria gemeinsam genutzt wurde. Wie Victoria betrat auch Friedrich Wilhelm sein »Vorzimmer« (R. 289) von einem separaten Treppenhaus aus, der sogenannten Prinzentreppe (R. 291).[5] Für ein Vorzimmer war der Raum mit 110 Quadratmetern unverhältnismäßig groß. Da es in diesem Schlossflügel jedoch an Räumen für das Gefolge mangelte, wurde das »Vorzimmer« mithilfe von zwei Schränken geteilt, um auf diese Weise einen provisorischen Wohnbereich für den Kammerdiener abzutrennen. Parallel zu diesem Raum lag das Kinderzimmer des sechs Monate alten Prinzen Wilhelm (R. 286), gleich daneben schloss sich sein Schlafzimmer (R. 288) an. Diesen Raum teilte er mit seinem Kindermädchen und der Amme. Das Kindermädchen schlief im benachbarten Grünen Scherbenkabinett (R. 287). Das Schlafzimmer des Prinzenpaares (R. 283) war der einzige Raum dieses Schlossflügels, dessen Nutzung der des 18. Jahrhunderts entsprach. Dem »Kabinett« Victorias (R. 284), in dem sich auch ihr Schreibtisch befand, schloss die Wohnung des Prinzenpaares an. Es folgten noch drei Räume für die Kammer- und Garderobenfrauen Victorias (R. 285, 262, 267/268). Das Prinzenpaar bewohnte zunächst also nur

Kronprinzessin Victoria in friderizianischem Kostüm, Aquarell von William Callow, Mai 1863
Aus Anlass des 100. Jahrestages der Grundsteinlegung des Neuen Palais veranstaltete das Kronprinzenpaar in der Oberen Galerie einen friderizianischen Kostümball. Der britische Aquarellist William Callow porträtiert Victoria im Tressenzimmer. Dabei eröffnet sich der Blick entlang der Enfilade aus dem Unteren Konzertzimmer bis hin zum Tamerlanzimmer.

Victoria brachte in den folgenden Jahren bis 1872 weitere sechs Kinder zur Welt, die – bis auf Prinz Waldemar[14] (1868–1879) – alle im Neuen Palais geboren und auch getauft worden sind.[15] Es waren dies 1862 Heinrich, 1864 Sigismund, 1866 Victoria, 1870 Sophie und 1872 Margarethe.

Im Mai 1863 jährte sich die Grundsteinlegung zum Bau des Neuen Palais zum 100. Mal. Wenige Tage vor dem Jubiläum war das Kronprinzenpaar mit seinen Kindern aus ihrem Berliner Wintersitz nach Potsdam gezogen. »Übersiedelung nach dem lieben Neuen Palais, kalt zwar, aber dennoch ein Hochgenuss«[16], vertraute der Kronprinz seinem Tagebuch an. Aus Anlass der Wiederkehr der Grundsteinlegung veranstaltete das Kronprinzenpaar einen Ball in friderizianischen Kostümen für die Potsdamer Gesellschaft. In der Oberen Galerie (R. 241) wurde zuerst ein Menuett mit zwölf Paaren und anschließend Grand menuet à la cour getanzt. Königin Elisabeth sah von der Tür aus dem festlichen Schauspiel zu. Der Kronprinz trug einen Uniformrock des 1. Bataillon Garde mit einer originalen Schärpe aus dem Besitz Friedrich Wilhelms III., dazu den Spazierstock Friedrichs des Großen, dessen Knauf aus schlesischem Chrysopras bestand und mit Diamanten besetzt war.[17]

Das Schlosstheater konnte für Konzerte nicht genutzt werden, da die Bühne in dieser Zeit umgebaut wurde. Daher fanden Konzerte in der Oberen Galerie statt. Im August 1863 kam hier die Fantasie für Klavier, Chor und Orchester in c-moll op. 80 von Ludwig van Beethoven (1770–1827) zur Aufführung, anschließend wurde zum Ball gebeten. Unter den Gästen befand sich auch Sophie von Bergh, die seit mehreren Jahrzehnten als pensionierte Hofdame der Prinzessin Wilhelmine von Hessen-Kassel und damit als eine der letzten lebenden Begleiterinnen eines Mitglieds der Familie Friedrichs des Großen in den Sommermonaten im Neuen Palais wohnte. Von ihrer Agilität trotz ihres hohen Alters überrascht, notierte der Kronprinz in seinem Tagebuch: »in einer Art von Ecossaise (ursprünglich Schottischer Rundtanz) musste die 80-jährige Frau von Bergh mittanzen, was leicht ging.«[18]

Nach der Geburt des Prinzen Heinrich[19] im August 1862 wurde die Wohnung des Prinzenpaares um drei weitere Räume (R. 274, 275, 276) vergrößert. Das Appartement griff nun bereits von der Princess Wohnung in das Obere Fürstenquartier über. 1864, nachdem mit Prinz Sigismund ein weiteres Kind geboren worden war, konnte das Kronprinzenpaar das gesamte Obere Fürstenquartier beziehen. Erleichtert schrieb Victoria am 2. April 1864 ihrer Mutter: »Durch Betteln und Quälen habe ich die Genehmigung des Königs erhalten, einige weitere Räume im Neuen Palais zu bekommen […]. Ich bin dafür sehr glücklich, da wir letztes Jahr wirklich dicht zusammen gepfercht waren, aber es war sehr

Arbeitszimmer des Kronprinzen Friedrich Wilhelm, unbekannter Fotograf, um 1885 (Raum 258)
In der Mitte des Raumes befand sich der Arbeitsplatz des Kronprinzen. Ein weißgefasstes und vergoldetes hohes Schreibpult im Stil des Neurokoko bestimmt die Raummitte. Die schräge Arbeitsplatte ermöglichte dem Prinzen ein bequemes Arbeiten. Vor dem Pult steht kein Stuhl, sondern ein Sitz in Form eines Sattels, der auf einer Holzschraube ruht und in der Höhe variabel ist. Zum Wandschmuck gehörten Porträts von historisch bedeutenden Mitgliedern der königlichen Familie des 17. bis 19. Jahrhunderts.

schwierig den König soweit zu bringen es zu erlauben, da er besonders abweisend gegen Neuerungen aller Art ist.«[20] Das Neue Palais war nicht Privatbesitz des Kronprinzenpaares. Es gehörte der Krone, sodass der König bei jeder baulichen Veränderung um Erlaubnis gefragt werden musste. Das nun in kronprinzliche Nutzung übergegangene Obere Fürstenquartier liegt im Corps de logis, dem Hauptbau des Schlosses, die bisher genutzten Räume im Seitenflügel. Die letztgenannten Zimmer der Princess Wohnung wurden auf Wunsch der Kronprinzessin als Kinderzimmer eingerichtet. Diese Entscheidung hatte durchaus praktische Gründe, denn die nunmehrigen Räume der Kinder grenzten unmittelbar an die Schlaf- und Toilettenräume des Kronprinzenpaares. Die jüngeren prinzlichen Nachkommen blieben in diesen Räumen mit ihren Gouvernanten und Erzieherinnen wohnen. In drei Räumen der Princess Wohnung (R. 282, 283, 286) ließ Victoria die Wandbespannungen und Fenstervorhänge erneuern. Die zerschlissenen Seiden gehörten zur Erstausstattung aus dem 18. Jahrhundert und mussten dringend ausgetauscht werden. Die Kronprinzessin schlug vor, auf kostbare Seide zu verzichten, da diese bei einer Nutzung der Räume als Kinderzimmer nicht notwendig sei.[21] Da Victoria eine Vorliebe für Cretonne, einem gröberen Baumwollgewebe hatte, wurde dieser Stoff, der mit einem Chrysanthemenmuster bedruckt war, erworben und die Räume damit ausgestattet.[22]

Der älteste Sohn Wilhelm wohnte gemeinsam mit seinem Militärgouverneur Gustav von Schrötter (1830–1919) (R. 314), seinem jüngeren Bruder Heinrich, Lehrern und Dienern bereits 1867 in den Räumen der zweiten Etage. Mit der Wahl des Militärgouverneurs hatten die Eltern eine gute Entscheidung getroffen. Der dichterisch veranlagte Hauptmann war für den jungen Prinzen, dessen linker Arm durch einen Geburtsfehler verkürzt war, eine sensible Vertrauensperson. Gustav von Schrötter verkörperte für den Prinzen vielleicht das Ideal, nach dem er Zeit seines Lebens suchte. Es ist anzunehmen, dass hier die Grundlage für das enge Verhältnis gelegt

wurde, das der spätere Kaiser mit allen Mitgliedern seiner militärischen Umgebung verband.[23] Wilhelm hatte in der zweiten Etage ein Wohn- und ein Schlafzimmer (R. 317, 320) erhalten. Die wandfeste Ausstattung der Räume war äußerst schlicht. Auf Stuck, Vergoldungen und Wandbespannungen war verzichtet worden, anstelle von wertvollem Parkett waren die Fußböden mit Holzdielen ausgelegt. Die Fenster der Räume wurden wegen ihrer ovalen Form »*œils-de-bœuf*« – »Ochsenaugen« – genannt.[24] Noch viele Jahrzehnte später erinnerte sich Wilhelm II.: »An das kleine einfache Mansardenzimmer im zweiten Stock des Neuem Palais mit seinem ›Ochsenauge‹[25] denke ich oft voll stiller Wehmut zurück.«[26] Von ihren Zimmern aus konnten die Prinzen den Turn- und Spielsaal betreten, um sich dort im Beisein ihrer Gouverneure sportlich zu betätigen.[27] Genau unter diesen Räumen befanden sich die Wohnräume des Kronprinzenpaares. Nachdem Leben in das zweite Stockwerk eingezogen war, klagte Friedrich Wilhelm nun, dass »Tritte der oben gehenden Personen« in den darunterliegenden Schlaf- und Wohnzimmern gehört und dass sogar die »Glasbehänge der Kronleuchter in eine zitternde klingende Bewegung« versetzt würden. Der Kastellan Immelmann versuchte, mit dem Verlegen von Läufern die Schritte zu mildern, allerdings ohne Erfolg. Erst durch das Auslegen von stärkeren »Matratzen-Läufern« auf dem Korridor konnte die Geräuschkulisse gedämpft werden.[28]

Oben: Das Wohn- und Arbeitszimmer der Kronprinzessin Victoria, unbekannter Fotograf, um 1885 (Raum 259)
Zum Wandschmuck des Raumes gehörten großformatige Landschaftsgemälde. Vermutlich hat Victoria die Bilder im Kunsthandel erworben. Der Maler und der Verbleib der Gemälde sind nicht bekannt. Zum Gedächtnis an ihren 1879 verstorbenen Sohn Waldemar hatte die Kronprinzessin eine weiße Marmorbüste des Prinzen zwischen den Gemälden aufstellen lassen.

Unten: Salon der Kronprinzessin Victoria, um 1885 (Raum 260)
Das als »Silbersalon« bezeichnete Obere Konzertzimmer gehörte zur Privatwohnung Victorias und lag unmittelbar neben ihrem Wohnzimmer. Die reichen Versilberungen der Wände und der Decke gaben dem Raum eine besonders festliche Atmosphäre. Die große Auswahl an Sitzmöglichkeiten weist auf die Bestimmung des Raumes als Salon hin.

Die Wohn- und Arbeitsräume der kronprinzlichen Wohnung lagen auf der Gartenseite, während die Schlaf- und Garderobenzimmer zur Hofseite hin orientiert waren. Da sich keine Inventarverzeichnisse aus der Kronprinzenzeit erhalten haben, besitzen wir kaum Informationen über die damalige Neueinrichtung der Wohnräume. Das Kronprinzenpaar nutze aber auch die originale Ausstattung der Räume des 18. Jahrhunderts und suchte diese stilecht zu ergänzen. So wurden Möbel im Stil des Neurokokos mit vergoldeten Bronzen erworben. Seit den frühen 1880er-Jahren durften zahlreiche dieser Stücke dem Potsdamer Hoftischler Franz Borchmann (1851–?) und dem Berliner Hofgürtler Carl Heinrich Preetz zuzuweisen sein, die eine Art Arbeitsgemeinschaft gebildet hatten und vom Oberhofmarschallamt beauftragt worden waren, für die Ausstattung des Neuen Palais Möbel zu entwerfen.[29]

Der Kronprinz betrat seine neue Wohnung im Oberen Fürstenquartier vom Marmorsaal (R. 256) aus. Das Appartement wurde mit dem Empfangszimmer (R. 257) eröffnet, dem das Arbeitszimmer (R. 258) folgte. Die Kronprinzessin erreichte ihre Räume über das Nordtreppenhaus. Dem Vorzimmer (R. 262) schloss sich das Eckkabinett (R. 261) an, das der kronprinzlichen Familie als privates Speisezimmer diente. Ihm folgte Victorias Empfangszimmer, das wegen der überaus reichen Versilberungen der Wandschnitzereien und des Deckenstucks die Bezeichnung »Silbersalon« (R. 260) erhalten hatte. Das Wohnzimmer der Kronprinzessin (R. 259) schloss an das Arbeitszimmer ihres Mannes an. Für ihre Leidenschaften – das Malen und die Bildhauerei – hatte sich Victoria ein eigenes Atelier einrichten lassen. Im Jahr 1867 befand sich ihre Werkstatt im Erdgeschoss (R. 145).[30] Die Lichtverhältnisse waren hier jedoch nicht optimal, sodass der Architekt Reinhold Persius (1835–1912) mit dem Entwurf für ein Atelier mit großflächigen Fenstern im Dachgeschoss betraut wurde. Diese Planung kam offenbar nicht zur Ausführung, stattdessen hat sich das Atelier laut dem Hofmarschall der Kaiserin Victoria, Hugo Freiherr von Reischach (1854–1934), zuletzt in einem ehemaligen Ankleidezimmer für Schauspieler (R. 233) im Theaterflügel des Schlosses befunden.[31] Friedrich Wilhelm und Victoria nutzten darüber hinaus andere Räume des weitläufigen Schlosses. Für Repräsentationszwecke diente ihnen das Untere Fürstenquartier. Das dortige Konzertzimmer (R. 161) wurde beispielsweise als Esszimmer bei Besuchen fürstlicher Gäste benutzt. Aufgrund der Wanddekoration erhielt der Raum die Bezeichnung Apollosaal. Namensgeber war die Darstellung des Sonnengottes Apollon als Bekrönung der Spiegelrahmen. Zur Ausstattung des Raumes gehören seit dem 18. Jahrhundert großformatige Ölgemälde des kaiserlichen Hofmalers Jacques van Schuppen (1670–1751), die Metamorphosen nach Ovid thematisieren.[32]

Das Jahr 1866 war für das Kronprinzenpaar in besonders dramatischer Weise von Freude und Leid geprägt. Am 12. April wurde eine weitere Tochter geboren, die am 24. Mai, dem Geburtstag ihrer englischen Großmutter und Patin, auf den Namen Victoria getauft wurde. Bald darauf, am 8. Juni, verließ der Kronprinz seine Fa-

Rote Damastkammer, unbekannter Fotograf, um 1875 (Raum 164)
Die Farbe der seidenen Wandbespannung gab dem zweiten Vorzimmer des Unteren Fürstenquartiers seinen Namen. Bei der dichten Gemäldeausstattung handelt es sich fast ausnahmslos um Bilder italienischer Künstler, viele davon noch in der originalen Hängung des 18. Jahrhunderts. Die Porzellanschale in der Raummitte war ein Geschenk des russischen Zaren Nikolaus I. an seinen Schwiegervater, den preußischen König Friedrich Wilhelm III.

Die Communs, kolorierte Lithografie, Wilhelm Loeillot und Mercier, Verlag Otto Janke, um 1850
Noch passieren Kutschen den Weg zwischen den Communs und dem Neuen Palais. Nachdem die Sicherheitsbestimmungen 1878 erhöht worden waren, war eine Durchquerung des Schlossareals nicht mehr möglich. Der öffentliche Straßenverkehr wurde in einem Bogen westlich um die Communs herumgeführt.

Recht Seite: Kronprinzessin Victoria mit ihrer ältesten Tochter Charlotte im »Silbersalon«, Gouache auf Papier, Kronprinzessin Victoria von Preußen, 1874 (Raum 260)
Auf Wunsch der Kronprinzessin sind in die bereits vorhandenen Kamine des 18. Jahrhunderts hohe englische Einsätze aus Gusseisen eingebaut worden. Sie speicherten die Wärme offenbar so gut, dass Wilhelm II. später auf die Installation der Heizung in diesen Räumen verzichtete. Victoria schenkte das Selbstbildnis, das sie mit ihrer ältesten Tochter zeigt, ihrer früheren Hofdame Gräfin Marie zu Lynar.

Modernisierungen: Bäder – Heizung – Dienertreppen

Nach ihrem Einzug ins Neue Palais hatte Victoria über den schlechten Zustand der sanitären Anlagen geklagt. Sie verfolgte das Ziel, einen Standard zu erreichen, den sie aus ihrer englischen Heimat gewohnt war. Zwar waren im Neuen Palais bereits Toiletten mit Wasserspülung, sogenannte »Water-Closets«, vorhanden, die aber noch nicht an das Wassernetz angeschlossen waren, sodass es besonders in der warmen Jahreszeit immer wieder zu Geruchsbelästigungen kam. Mit dem Einbau von kleinen Lüftungsschlitzen in den Außenmauern versuchte man, die Toilettenkammern mit Frischluft zu versorgen. Zum Einbau von Bädern kam es erst zu Beginn der 1860er-Jahre, dafür wurden ehemalige Puderkammern verwendet. 1870 wird in einer Aktennotiz die Einrichtung von Wasserleitungen für Bäder und Toiletten erwähnt.[44] Auf Wunsch des Kronprinzen wurden in den Wohnräumen seiner Familie 1874 zehn Toiletten, so genannte »Containors«[45], umgeändert.[46] Im selben Jahr wurde im Zimmer der Prinzessin Victoria (R. 282) ein Bad installiert. Dafür wurde eine Kammer, »welche bisher zum Aufhängen der Garderobe der Prinzessin diente«[47], genutzt.

Neben dem schlechten Zustand der sanitären Anlagen war es die ungenügende Beheizung der Schlossräume, die den Wohnkomfort einschränkte. Die nur mit Ziegelsteinen ausgemauerten Kamine entsprachen noch immer dem Zustand des 18. Jahrhunderts, als das Neue Palais nur in den Sommermonaten bewohnt wurde. Als erste Maßnahme wurden im Jahr 1860 die Kamine in den Wohnräumen des Prinzenpaares mit gusseisernen Einsätzen versehen, um damit die Räume besser erwärmen zu können.[48] Nachdem Friedrich Wilhelm und Victoria in das Obere Fürstenquartier umgezogen waren, ließ die Prinzessin in ihrem Wohnzimmer (R. 259)[49] einen »offenen englischen Kamin« einbauen. In einem Brief vom Mai 1865 berichtete sie ihrer Mutter davon: »In bin aus meinem Wohnzimmer ausgesperrt, da ein Mann aus

London gerade einen Gitterrost und ein Schutzblech installiert – im Ganzen ein englischer offener Kamin, in einem unserer großen, leeren Kamine. Er soll später als Muster für weitere dienen; er ist eine Kopie von Bertie's[50] Kamin in seiner Vorhalle in Marlborough House.«[51] Das Kronprinzenpaar lebte von Ende April bis Ende Oktober im Neuen Palais, später verließ das Kronprinzenpaar das Schloss erst nach dem Geburtstag Victorias am 21. November. Noch in den 1860er-Jahren sind als zusätzliche Wärmequelle in die vorhandenen Kamine eine Vielzahl von sogenannten Kanonen-Öfen eingebaut worden. Die gusseisernen zylinderförmigen Öfen entwickelten eine enorme Hitze, sodass es auch zu Unfällen kam. Am 6. Dezember 1872 stürzte im Schreibkabinett (R. 160) »das Oberstück der marmornen Kamineinfassung herunter und zerbrach in der Mitte«[52]. Dabei wurden fünf Vasen, die auf dem Kaminsims standen, zerstört.[53] Daraufhin wurde der Kastellan Staar gebeten, alle 31 Kamine im Neuen Palais zu überprüfen, in denen nachträglich eiserne Öfen eingebaut waren, um künftig Beschädigungen zu vermeiden.[54] Als Folge dieses unbefriedigenden Zustandes erfolgte ab Ende der 1870er-Jahre in mehreren Etappen der Einbau einer Heizung. Durch fehlende Quellen ist bisher keine weitere Aussage über den genauen Zeitpunkt dieser Maßnahme möglich. In einer Aktennotiz vom November 1881 wird die »Ausdehnung der Wasserheizung auf die Zimmer für die Adjutanten und Hofdamen«[55] erwähnt. Gleichzeitig wurde ein größerer Kessel zur Beheizung der Badeeinrichtung der Kronprinzessin eingebaut.

Mit dem Einbau von Nebentreppen wurden die Wege der kronprinzlichen Familie und des Gefolges von denen der Dienerschaft getrennt. Den ersten dieser neuen Aufgänge projektierte der Architekt August Stüler 1861 parallel zum Nordtreppenhaus, das Victoria nutze, um in ihre Wohnung zu gelangen.[56] Es entstand der später »die düstere Kaiserinnentreppe« (R. 266) genannte Nebenaufgang. Erst viele Jahre nachdem das Kronprinzenpaar von der Princess Wohnung in das Corps de logis umgezogen war, wurde in den Wohnräumen Friedrich Wilhelms eine weitere Nebentreppe eingebaut. 1878 fertigte Franz Haeberlin (1841–1899), der über viele Jahre mit Modernisierungsarbeiten für den Kronprinzen beauftragt war, den Entwurf für einen separaten Aufgang an. Für den Einbau der Nebentreppen wurden in jeder Etage ein innen liegender, fensterloser Raum geopfert. Von nun an war es den Adjutanten und Kammerdienern möglich, vom Erdgeschoss bis in das Vorzimmer (R. 276) und weiter in die zweite Etage zu gelangen, ohne dabei die Haupttreppe zu betreten, die ausschließlich für die Benutzung durch den Kronprinzen bestimmt war.[57]

Blick aus der Wohnung des Kronprinzenpaares auf das Rasenparterre vor dem Neuen Palais, Fotografie von Hermann Selle, Potsdam, um 1888

Die Neugestaltung des Parterres mit zwei halbkreisförmigen Rasenspiegeln und die Neuanlage bogenförmiger Wege war eine Idee der gartenbegeisterten Kronprinzessin. Nach ihren Angaben zeichnete der von ihr geschätzte Hofgärtner Emil Sello die Entwürfe. Die Wirkung der Blumenarrangements und die verschiedenen Grüntöne der Lindenbäume war vor allem für den Blick aus den kronprinzlichen Wohnräumen berechnet worden.

Die Gartengestaltung

Das Parterre

Die künstlerisch begabte Kronprinzessin brachte aus ihrer englischen Heimat Begeisterung für die Gartenkunst und den Wunsch nach gärtnerischer Betätigung mit. Nachdem das Kronprinzenpaar 1864 von der Princess Wohnung in das Obere Fürstenquartier umgezogen war, bot sich von den Wohnräumen Victorias aus ein Blick auf das halbkreisförmige Parterre vor dem Neuen Palais, das von der Hauptallee in zwei Viertelkreise geteilt wurde. Mit dem Wohnungswechsel und dem Amtsantritt des Hofgärtners Emil Sello (1816–1893) begannen 1864 die Planungen für eine Neugestaltung des sogenannten Halbzirkels.

Wilhelm I. hatte 1866 dem Kronprinzenpaar das betreffende Gartenrevier zur eigenen Verwaltung übergeben, jetzt wurde auch der Hofgärtner Sello dem Kronprinzenpaar direkt unterstellt. Zuvor hatten die Gartenanlagen administrativ der königlichen Gartenverwaltung unterstanden. Der König musste bei solcherart Veränderungen jedes Mal um Genehmigung gefragt werden. Die Kronprinzessin schätzte Sello und teilte seine künstlerischen Auffassungen.[58]

Das halbkreisförmige Parterre erfuhr seine auffälligste Neugestaltung in der Anlegung von bogenförmigen Wegen. Es ist davon auszugehen, dass diese Idee von Victoria selbst kam, denn Sello musste einen Entwurfsplan anfertigen und auf diesem »nach der von der Hohen Frau selbst speciell entworfenen Zeichnung den Englischen Rasen mit bogenförmigen Wegen durchziehen«[59]. In der Mitte der Viertelkreise liegt ein Rundbeet, das von einem Weg umschlossen wird, von dem kreuzartig vier Wege nach außen führen. Die Gestaltung zeigt den Einfluss Victorias, denn in den heimischen Victorianischen Gärten wurden immer geometrische Formen als Quadrat, Rechteck, Kreis, Halbkreis oder Raute aneinandergefügt.[60] Die Wirkung des makellos gepflegten Parterres mit seinen reich blühenden Blumenarrange-

ments und kontrastierenden Grüntönen vor der Lindenreihe und der hohen Buchenhecke war vor allem für den Blick von den kronprinzlichen Wohnräumen der ersten Etage des Neuen Palais berechnet.[61]

Der Privatgarten der Kronprinzessin

Nördlich und südlich des Parterres vor dem Neuen Palais hatte Friedrich der Große im 18. Jahrhundert acht unterschiedliche Obstquartiere anlegen lassen, die von bis zu drei Meter hohen Hainbuchenhecken umgeben waren. Im südlichen Quartier, das vom sogenannten Ökonomieweg geteilt wird, entstanden auf Wunsch der Kronprinzessin nach englischem Vorbild mehrere neue Obstgärten und baumschulartig bewirtschaftete Flächen. Einige der Bäume sind vom Kronprinzenpaar eigenhändig gepflanzt worden, außerdem wurden dort Spargel, Artischocken, Rhabarber und im Nachbarquartier großflächig Erdbeeren angebaut.[62]

Auf der nördlichen Seite des Parterres entstand 1863 bis 1865 der Privatgarten der Kronprinzessin, der in den ersten Jahren vorrangig ihren Kindern als Spielplatz diente. Victoria schrieb im Mai 1863 an ihre Mutter: »Ich habe verschiedene Verbesserungen vorgenommen – so habe ich eine Schaukel, eine Wippe und einen großen Durchgang für die kleinen und großen Kinder aufstellen und auch einen Crockett-Platz anlegen lassen.«[63] Der Garten war ein familiärer Rückzugsort: »Ich habe hier einen kleinen Garten für die Kinder und uns selbst arrangiert, der mir sehr viel Freude bereitet, da wir nun eine Ecke haben, wo wir unbeobachtet sitzen und die Kinder spielen und herum laufen können, ohne dass sie angestarrt werden, wie wilde Tiere.«[64] Victoria hatte sich bewusst für dieses Heckenquartier entschieden, da es nur wenige Meter von der kronprinzlichen Wohnung im Neuen Palais entfernt war. In einem ovalen Rasenrondell befanden sich Spiel- und Turngeräte, eine Festung[65] sowie eine Kegelbahn. Bereits 1868 wurde der Spielplatz für die Kinder in den nördlich angrenzenden

Kronprinzessin Victoria mit drei ihrer Kindern, unbekannter Fotograf, 1864
Dieses seltene Fotodokument erlaubt einen Blick in den privaten Garten. Kronprinzessin Victoria (im dunklen Rock) hat sich mit ihren Kindern Wilhelm, Charlotte und Heinrich dorthin zurückgezogen, um mit ihnen von der Öffentlichkeit unbeobachtet spielen zu können. Zwei Wippen und ein Kinderzelt, das durch den Laubbogen zu erkennen ist, weisen auf die Bestimmung des idyllischen Areals hin.

Die kronprinzliche Familie vor dem »Teehäuschen«, Fotografie von Reichard & Lindner, August 1875
Das Gartenhaus bot die perfekte Kulisse für ein ungezwungenes Familienleben. Nach der Fertigstellung des Teehauses im Sommer 1875 entstand dieses Gruppenfoto. V. l.: Heinrich, Kronprinzessin Victoria, Kronprinz Friedrich Wilhelm mit Margarete, Victoria (vorn sitzend), Sophie, Wilhelm, Charlotte, Waldemar (sitzend).

kel. Auf diesem Areal erhielten die Söhne des Kronprinzen auch ihren militärischen Unterricht. Neben den Sportgeräten war ein Bolzenbüchsenschießstand mit Schießgräben und Schießhütte angelegt worden. In unmittelbarer Nähe standen für militärische Übungen eine »im richtigen Winkelmaß angelegte Schanze, eine kleine Lünette wurde von den Prinzen Wilhelm und Heinrich auf der Mitte des Turnplatzes selbst aufgeschüttet, mit Blockhaus, Zugbrücke und Geschützarmierung versehen«[73].

Eine Besonderheit war der Großmast des Schulschiffes »Hela«. Nachdem das Schiff 1871 außer Dienst gestellt wurde, kam der Mast als Übungsmast für die Kinder des Kronprinzen nach Potsdam. Matrosen der Marine erteilten den Prinzen daran Unterricht. Anstelle des originalen Mastbaums hatte bereits 1868 das Modell eines Mastes gestanden. Victoria schrieb ihrer Mutter: »Willy und Henry haben große Freude an einem Modell eines Mastes von einem Kriegsschiff, mit Segeln, Takelage, Fahnen und allem – vollständig für sie um das Klettern rauf und runter zu lernen. Er steht inmitten des Rasens.«[74] In der Nähe des Mastbaumes fand ein österreichisches Geschütz Aufstellung, das im deutsch-österreichischen Krieg 1866 von preußischen Truppen erobert worden war. Von dieser Kanone aus wurden an Geburtstagen der Familie Salutschüsse abgefeuert.[75] Anstelle des Mastbaums entwarf Reinhold Persius auf Anregung der Kronprinzessin einen Ballspielplatz für Lawn Tennis.[76] Wann genau der Tennisplatz angelegt wurde, ist nicht bekannt. Allerdings geht aus der Verkaufsliste der Londoner Firma French & Co hervor, dass Victoria bereits 1874 ein Tennis Set für »Lawn Tennis« für das Neue Palais erworben hat. »Her Imperial Highness The Crown Princess of Germany – Set Lawn Tennis«, so der Eintrag im Bestellbuch.[77] Der 30 x 11,25 Meter große Platz war in Ost-West-Richtung angelegt und verlief diagonal über einen Parkweg. Auf einem von Persius gezeichneten Plan sind an den Enden des Platzes seitlich Ausbuchtungen zu sehen, damit der Ballspieler nicht auf die angrenzende Fläche zu treten brauchte.[78] Da Victoria 1879 für ihre älteste Tochter Charlotte und deren Ehemann Erbprinz Bernhard von Sachsen-Meiningen (1851–1928) im Garten ihres Potsdamer Wohnsitzes, der Villa Liegnitz, einen Tennisplatz anlegen ließ, ist davon auszugehen, dass der Platz am Neuen Palais zuvor angelegt worden war. Er zählt mit dem Platz in Bad Homburg (1876) zu den ersten Tennisplätzen in Deutschland.[79]

Die Taufe des Prinzen Wilhelm von Preußen, Aquarell von Anton von Werner, 1883 (Raum 178)
Die Taufe des letzten deutschen Kronprinzen am 11. Juni 1882 in der Marmorgalerie des Neuen Palais vereinte vier Hohenzollern-Generationen. Links unter dem Baldachin sind die Eltern des Täuflings, Auguste Victoria und Wilhelm (II.), zu erkennen. Kaiser Wilhelm I. hält mit Kronprinzessin Victoria das Kind über das Taufbecken. Rechts mit dem Rücken zum Betrachter Kaiserin Augusta, rechts daneben Kronprinz Friedrich Wilhelm.

Die Familie des Kronprinzen Friedrich Wilhelm auf der Terrasse des Neuen Palais, Fotografie eines Gemäldes von Ernst Hildebrand, 1883
Ernst Hildebrand wurde aus Anlass der bevorstehenden Silberhochzeit des Kronprinzenpaares beauftragt, dieses Familienbild zu schaffen. Im Zentrum steht Kronprinz Friedrich Wilhelm, seine Ehefrau Victoria (sitzend) wird von ihren beiden jüngeren Töchtern Margarete (vorn) und Sophie umgeben. Der Thronerbe Prinz Wilhelm (II.) und seine Gemahlin Auguste Victoria gehen auf das Silberpaar zu. Links außen Prinz Heinrich mit seinem Schwager Bernhard von Sachsen-Meiningen, rechts außen, Charlotte von Sachsen-Meiningen und ihre Schwester Victoria.

Kronprinz Friedrich Wilhelm als Chef des 2. Schlesischen Dragoner-Regiments Nr. 8 (Oels), Fotografie von Loescher & Petsch, Berlin, 1887
Der Kronprinz ließ sich mit seinem Leibpferd auf der »Mopke«, dem gepflasterten Hof zwischen Neuem Palais und Communs, fotografieren. Die Aufnahme widmete er seiner englischen Schwägerin Louise Durchess of Argyll: »for darling Louise«. Die Aufnahme befindet sich heute in der Royal Collection, London.

Der Tod Kaiser Friedrichs III. im Neuen Palais 1888

Am 9. März 1888, wenige Tage vor seinem 91. Geburtstag, starb Kaiser Wilhelm I. in seinem Berliner Palais. Seit November 1887 lebte das Kronprinzenpaar im italienischen Sanremo an der Riviera. Hierhin hatten sich Friedrich Wilhelm und Victoria auf Anraten der Ärzte begeben, da der Gesundheitszustand des Thronfolgers Anlass zur Sorge bereitete. Bereits im Herbst 1886 waren die ersten Anzeichen einer Kehlkopferkrankung aufgetreten. Der berühmte Chirurg Ernst von Bergmann (1836–1907) stellte im Frühjahr 1887 bei einer Untersuchung des Prinzen eine bösartige Geschwulst fest und riet zur Kehlkopfoperation. Der englische Arzt Morell Mackenzie (1837–1892) und der deutsche Mediziner Rudolf Virchow (1821–1902) bestätigten diese Diagnose nicht. Victoria war die Verschlechterung des Befindens des Kronprinzen nicht verborgen geblieben, vertraute jedoch der Diagnose Mackenzies. Am 6. November 1887 erbrachte Mackenzies erneute Kehlkopfspiegelung in Sanremo den eindeutigen Krebsbefund.

Nachdem den Kronprinzen die Todesnachricht seines Vaters erreicht hatte, begab er sich auf die Heimreise nach Berlin. Das neue Kaiserpaar wählte zunächst Schloss Charlottenburg als Aufenthalt, um »dort wenigstens einen Schein von ruhiger Zurückgezogenheit«[80] zu empfinden, schrieb Victoria an ihre Mutter. Charlottenburg blieb für die nächsten Wochen die Residenz. Der Kronprinz hatte sich entschieden, als Kaiser den Namen Friedrich III. zu führen und somit die 1701 begonnene Zählung der preußischen Könige fortzusetzen. Als sein Gesundheitszustand sich immer mehr verschlechterte, äußerte er den Wunsch nach Potsdam überzusiedeln, wo er geboren war und auch sterben wollte.[81] Am 1. Juni 1888 fuhr das Kaiserpaar mit dem Dampfschiff »Alexandria« von Charlottenburg über die Spree zur Matrosenstation Kongsnæs nach Potsdam. »Fritz war glückselig, wieder in Potsdam zu sein, und zum ersten Mal das liebe, alte Haus, wo wir nun zum dreißigsten Mal hineinzogen, [...] sein zu nennen! Er liebte es so sehr und wir beide betrachteten es als unser eigentliches Home ... Wie froh bin ich, endlich hier zu sein.«[82] Bereits Ende März 1888 hatte Friedrich III. verfügt, dem Neuen Palais zur Erinnerung an Friedrich den Großen den Namen Schloss Friedrichskron zu geben.[83] Im Neuen Palais bezog der Kaiser die Räume im Unteren Fürstenquartier, die zuvor seinem Vater als Absteigequartier gedient hatten. Die Lage der Zimmer im Erdgeschoss ermöglichte es dem Schwerkranken, ohne große Anstrengungen in den Park oder auf die Terrasse zu gelangen. Seit einem Luftröhrenschnitt im Februar 1888 war seine ohnehin schon eingeschränkte Sprechfähigkeit ganz verstummt. Am 3. Juni fand im Grottensaal ein Konzert der Zwölf-Apostel-Gemeinde aus Berlin statt. Der Kaiser hörte sich die Musik vom benachbarten Tamerlanzimmer (R. 165) aus an. Als das Stück »Salve fac Regem« intoniert wurde, war der Monarch so ergriffen, dass er in den Grottensaal ging, um sich durch dreimaliges Verneigen bei den Musikern zu bedanken. Am Nachmittag empfing Friedrich III. seine Tante Alexandrine, Witwe des Großherzogs Paul Friedrich von Mecklenburg-Schwerin und einzig noch lebende Schwester seines Vaters. Am 13. Juni, zwei Tage vor seinem Tod, empfing Friedrich III. noch den schwedischen König Oskar II. (1829–1907). Er wollte den Monarchen, mit dem er seit Langem befreundet war, nicht im Bett oder auf dem Sofa begegnen. So ließ er sich ankleiden und begab sich, gestützt auf einen Stock, ins Nebenzimmer. Hier traf er mit dem König zusammen, beide gingen hinaus und nahmen auf der Terrasse Platz.[84] Am Nachmittag dieses Tages besuchte noch Reichskanzler Otto von Bismarck (1815–1898) den Sterbenden. Am 14. Juni versammelte sich die Familie in Friedrichskron, um den 18. Geburtstag der Prinzessin Sophie zu feiern. Die für diesen Tag geplante Bekanntgabe ihrer Verlobung mit dem griechischen Kronprinzen Konstantin wurde aufgrund des dramatischen Gesundheitszustandes des Kaisers verschoben. Am Nachmittag verabschiedete sich Friedrich III. vom Reichskanzler, der an diesem Tag nochmals nach Potsdam gekommen war.[85] Victoria schlief in diesen Tagen bei weit geöffneten Fenstern ihres Schlafzimmers (R. 272).

Die älteste bekannte Innenaufnahme des Neuen Palais, unbekannter Fotograf, um 1868 (Raum 272) Das Dokument erlaubt einen seltenen Blick in das Schlafzimmer des Kronprinzenpaares. Im Zentrum der nördlichen Wand ist die Transfiguration, eine Teilkopie nach Raffael, zu sehen. Eingerahmt wird diese von drei Werken des französischen Meisters Nicolas Lancret. Bei dem ovalen Kinderporträt auf der Kommode handelt es sich um das von Oskar Begas geschaffene Bild der 1866 geborenen Tochter Victoria. Diese älteste bekannte Innenaufnahme lag als lose Fotografie im Tagebuch des Kronprinzen Friedrich Wilhelm.

Sie ließ die Tür zum Toilettezimmer und dem anschließenden Treppenhaus nicht schließen, um sofort zu ihrem Mann eilen zu können, sollte sich dessen Gesundheitszustand akut verschlechtern.[86] Am 15. Juni 1888, um 11.15 Uhr, starb Friedrich III. im Alter von 57 Jahren. Nur drei Monate nach dem Tod Wilhelms I. war auch das Leben seines Sohnes erloschen. Seine kurze Regierungszeit brachte ihm die volkstümliche Bezeichnung »99-Tage-Kaiser« ein. Die Thronbesteigung seines Sohnes Wilhelms II. im selben Jahr machte 1888 zum Drei-Kaiser-Jahr.

Wenige Augenblicke nachdem Friedrich III. seine Augen geschlossen hatte, nahmen die Familienmitglieder der einzeln vom Verstorbenen Abschied. Anschließend erwiesen die Mitglieder des Hofstaates und staatliche Würdenträger, später die gesamte Dienerschaft sowie die Offiziere des Lehr-Infanterie-Bataillons dem Monarchen die letzte Ehre.[87] Kaiserin Victoria zog sich

mit ihren drei Töchtern noch am Todestag auf ihr Gut in Bornstedt zurück.[88] Nachdem die Standarte auf der Kuppel des Triumphbogens der Kolonnade auf Halbmast gesetzt war, sperrten Soldaten des Lehr-Infanterie-Bataillons und ein Regiment Husaren das Schloss durch eine Postenkette ab. Bald drangen Gerüchte in die Öffentlichkeit, dass in den Räumen des Kaisers eine Durchsuchung nach Staatspapieren stattgefunden habe. Man hatte befürchtet, dass Aufzeichnungen des Kaisers von seiner Witwe nach England verbracht worden seien.[89] Am Nachmittag des 15. Juni erschien Reichskanzler Otto von Bismarck am offenen Sarg des Kaisers. Am darauffolgenden Tag erhielt die Öffentlichkeit Gelegenheit, sich von Friedrich III. zu verabschieden. Die Presse meldete: »Seit 10 Uhr morgens strömt das Publikum unausgesetzt in das Sterbezimmer (R. 171), um die Leiche Kaiser Friedrichs zu sehen. Der Zutritt steht allen offen.«[90] »Kaiser Friedrich lag in einen Militärmantel gehüllt im Purpursarg aufgebahrt, das Großkreuz des Eisernen Kreuzes und den Orden Pour le Mérite um den Hals, auf der Brust ruhte der welke Lorbeerkranz, den ihm seine Gemahlin nach der Schlacht bei Wörth 1870 gesandt hatte, in den gekreuzten Händen hielt er den Pallasch der Pasewalker Kürassiere [...].«[91] Nachdem die Obduktion des Leichnams unter Leitung des bekannten Pathologen Rudolf Virchow die Krebserkrankung bestätigt hatte, fand am Nachmittag um 17.30 Uhr im Sterbezimmer die Einsargung statt.[92] Die anschließende An-

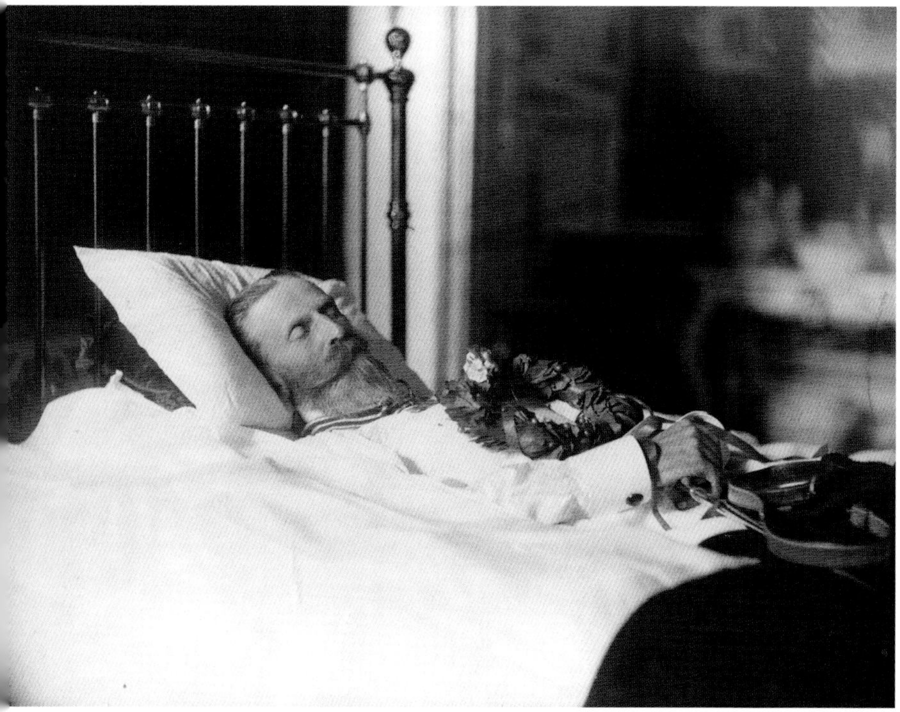

Oben: Die letzten Tage Kaiser Friedrichs III., Holzschnitt nach einer Skizze von William Simpson, Juni 1888
Für den schwer kranken Kaiser war eine Chaiselongue auf der Terrasse zur Gartenseite des Schlosses Friedrichskron (der damalige Name des Neuen Palais) aufgestellt worden, um ihm den Aufenthalt an der frischen Luft zu ermöglichen. Umsorgt wird er von seiner Ehefrau Victoria und den drei jüngeren Töchtern.

Unten: Kaiser Friedrich III. auf dem Totenbett, Reichard & Lindner, 16. Juni 1888 (Raum 171)
Der Leichnam ist mit Orden und Ehrenzeichen dekoriert, um den Verstorbenen als siegreichen Feldherren auszuzeichnen. Um den Hals trägt der Kaiser das Großkreuz des Eisernen Kreuzes und den Orden Pour le Mérite, auf der Brust erkennt man den Lorbeerkranz, den er von seiner Ehefrau nach der Schlacht bei Wörth 1870 erhalten hatte. In den gekreuzten Händen hält Friedrich III. den Pallasch der Pasewalker Kürassiere.

Aufbahrung Kaiser Friedrichs III. in der Marmorgalerie, Holzschnitt nach seiner Zeichnung von William Simpson, 17. Juni 1888 (Raum 178)
Für einen Tag war der Leichnam in der Marmorgalerie aufgebahrt worden, um der Öffentlichkeit die Möglichkeit zu geben, sich vom Verstorbenen zu verabschieden.

Der Trauerzug am Tage der Beisetzung Friedrichs III., Fotografie von Ottomar Anschütz, 18. Juni 1888
Der Trauerzug begab sich vom Schloss Friedrichskron (Neues Palais) über die Hauptallee durch den Park von Sanssouci zur Friedenskirche. Generalfeldmarschall Graf Leonhard von Blumenthal trug das Reichspanier (Fahne), flankiert von den Generaladjutanten Hugo von Winterfeld und Albert von Mischke, ihnen folgten, v.r. Eduard Prince of Wales, Kaiser Wilhelm II., König Albert von Sachsen. Angehörige des Lehr-Infanterie-Bataillons, die im Hintergrund zu sehen sind, bildeten das Spalier.

Das Wohnzimmer einer Gefolgewohnung, Hermann Selle, um 1888 (Raum 316)
Die Fotografien sind die einzig bekannten historischen Innenaufnahmen von Räumen der zweiten Etage. Die Bewohnerin des Zimmers ist unbekannt. Der Mappendeckel, in dem die Dokumente aufbewahrt werden, trägt die Aufschrift: »Zur Erinnerung an die Räume, die ihr Glück und ihr Leid sahen.« Es ist anzunehmen, dass es sich bei der Nutzerin um eine dem verstorbenen Kaiser Friedrich III. nahestehende Person handeln könnte.

dacht für die königliche Familie und das Hauspersonal hielt Pfarrer Conrad Persius (1836–1903).[93]

Am 17. Juni folgte in der Marmorgalerie (R. 178) die Aufstellung des Sarkophags.[94] Dazu war ein Baldachin an der Stirnseite zur Blauen Kammer hin aufgebaut worden. Am Vormittag des Folgetages fand hier der Trauergottesdienst unter Hofprediger Rudolf Kögel (1829–1896) statt.

Auf Wunsch Friedrichs III. sah man von großen Feierlichkeiten ab. Neben dem neuen Kaiserpaar Wilhelm II. und Auguste Victoria (1858–1921) nahm auch die Mutter des Verstorbenen, Kaiserin Augusta, an der kurzen Feier teil. Von ausländischen Fürstlichkeiten waren unter anderem der Schwager des Verstorbenen, Eduard Prinz von Wales mit seiner Gemahlin Alexandra, und König Albert von Sachsen nach Potsdam gekommen.

Nach dem Ende des Gottesdienstes fand unter dem Läuten der Kirchenglocken Potsdams die Überführung des Leichnams in die Sakristei der Friedenskirche statt, wo bereits Friedrichs III. verstorbene Söhne Sigismund und Waldemar ruhten. Während sich die Trauergesellschaft in einem langen Zug über die Hauptallee des Parks von Sanssouci in die Friedenskirche begab, blieb Augusta im Schloss Friedrichskron zurück. Die Mutter des verstorbenen Kaisers sah von einem Fenster der

Wohnung Friedrichs des Großen aus zu, wie sich der Trauerzug entfernte.[95] Die Witwe war mit ihren drei jüngsten Töchtern in Bornstedt geblieben und hatte nicht an dem Gottesdienst teilgenommen.

In den nächsten Tagen war Victoria damit beschäftigt, die Zimmer ihres verstorbenen Mannes wieder »in den Zustand zu versetzen, den sie vor seiner Krankheit hatten, da ich«, schrieb sie ihrer Mutter »unser liebes Haus aufgeben muss und nicht möchte, dass andere Leute alles auf den Kopf stellen«.[96] In den Wochen nach dem Thronwechsel wurde das ohnehin schon angespannte Verhältnis zwischen Victoria und ihrem Sohn Wilhelm II. durch die Frage der Wohnung für die verwitwete Kaiserin belastet. »Aus Friedrichskron soll ich heraus«, vermerkte sie am 28. Juni, nicht einmal zwei Wochen nach der Beisetzung, bitter in ihrem Tagebuch. Es fiel ihr schwer, das Schloss zu verlassen, in dem ihr Mann geboren und gestorben war und wo beide drei glückliche Jahrzehnte miteinander verbracht hatten. Sie hätte gern Schloss Sanssouci als Witwensitz erhalten, was ihr das Fortgehen aus Friedrichskron erleichtert hätte. Dieser Wunsch wurde ihr verwehrt, stattdessen sollte nur die kleine Villa Liegnitz im Park Sanssouci, die ihre Tochter Charlotte einst bewohnt hatte, als Absteigequartier für sie reserviert bleiben.[97] Kaiserin Friedrich, wie sie sich von nun an nannte, bewohnte noch bis

Das Wohnzimmer einer Gefolgewohnung, Hermann Selle, um 1888 (Raum 316)
Der Deckel der zugehörigen Fotomappe trägt das Namenskürzel »v.P.«. Dieses könnte für Georgina von Perpigna stehen. Die in Frankreich geborene Pädagogin bekleidete das Amt der Obergouvernante der jüngeren Töchter des Kronprinzenpaares. Die gerahmten Grafiken französischer Könige des Ancien Régime lassen eine Reminiszenz an das Heimatland der potenziellen Bewohnerin vermuten.

Das Schlafzimmer einer Gefolgewohnung, Hermann Selle, um 1888 (Raum 317)
Porträts der Königin Augusta und der Kronprinzessin Victoria von Franz Xaver Winterhalter betonen den weiblichen Charakter des Raumes. Der Tennisschläger neben der Tür weist auf die sportliche Betätigung der Bewohnerin hin. In Sichtweite des Neuen Palais hatte die Kronprinzessin einen der ersten Lawn-Tennisplätze in Deutschland anlegen lassen.

zum 1. Oktober 1888[98] das Neue Palais, ging dann nach Bornstedt und reiste Mitte November mit ihren drei Töchtern zu einem längeren Aufenthalt nach England. Ihrem Tagebuch vertraute sie an: »Nie wieder wird mein Fuß dies theure Haus betreten! […] Die Räume, die Wände werden zu denen nicht reden können, die nach uns hier einziehen!«[99]

Zur Erinnerung an den Tod Friedrichs III. wurde auf Initiative seiner Witwe in seinem Sterbezimmer ein schwarzes Holzkreuz in den Parkettfußboden eingelegt. Es fand genau dort seinen Platz, an dem das Bett des Kaisers gestanden hatte. Im Wandfeld über dem Alkoven wurde der Name des Verstorbenen sowie sein Sterbedatum angebracht: »Kaiser Friedrich III. † 15. Juni 1888«. In diesem Zusammenhang wurde auch im Geburtszimmer des Kaisers (R. 154), als Dekor einer Supraporte, das Geburtsdatum des Monarchen »*18. Oktober 1831« angebracht. Auch das Zimmer des bereits 1866 verstorbenen Prinzen Sigismund (R. 288) erhielt ein ähnliches Erinnerungszeichen. Über dem Kamin entstand die Inschrift »Franz Friedrich Sigismund, † 18. Juni 1866«. Mit der Ausführung dieser Maßnahmen wurde der Potsdamer Hoftischler Franz Borchmann betraut, der bereits Möbel für das Kronprinzenpaar entworfen hatte.[100] Noch im Sterbejahr des Kaisers konnten die Arbeiten vollendet werden.[101]

Das Schlafzimmer einer Gefolgewohnung, Hermann Selle, um 1888 (Raum 317)
An das Wohnzimmer grenzte ein ebenso großes Schlafzimmer, beide Räume lagen an der Gartenseite des Palais. Die wandfeste Ausstattung war wesentlich einfacher als in den Schlossräumen der Hauptetage. Anstelle von seidenen Stoffen waren die Wände mit einer gemusterten Papiertapete versehen. Auf Stuck an den Wänden und der Decke war verzichtet worden.

Kaiser Wilhelm II. (1888–1918)

Die Wohnungen des Kaiserpaares

Das Neue Palais war neben dem Berliner Schloss der bevorzugte Wohnsitz Wilhelms II. Zwar befand sich der Kaiser ganzjährig zwischen seinen zahlreichen ihm zur Verfügung stehenden Residenzen auf Reisen, doch dem Neuen Palais kam eine besondere Rolle als Wohnschloss zu. Hier war er mit seinen Eltern und Geschwistern als künftiger Erbe des Hohenzollernthrones aufgewachsen. Die große Anlage bot mit seinen zahlreichen Zimmern und Nebengebäuden genügend Platz für die Hofhaltung und verfügte über eine Vielzahl von repräsentativen Wohnräumen und Festsälen, die im Stil des friderizianischen Rokoko ausgestattet waren. Für den Kaiser war es wichtig, seine Macht in einem Haus zu repräsentieren, das von Friedrich dem Großen erbaut worden war. Außerdem war die räumliche Nähe zur Reichshauptstadt Berlin wie auch die gleichzeitige Möglichkeit einer gewissen Abgeschiedenheit ein maßgeblicher Grund für eine Nutzung der Schlossanlage. Wilhelm II. war – abgesehen von der kurzen Regierungszeit seines Vaters – der erste Monarch, der tatsächlich längere Zeit im Neuen Palais wohnte. Der Kaiser logierte hier von Mai bis Mitte Januar. Das Schloss war somit Schauplatz von wichtigen politischen Ereignissen und Staatsempfängen. Zugleich hatte der Bau – begünstigt durch seine idyllische Lage inmitten des Parks Sanssouci – die Funktion einer Familienresidenz zu erfüllen.

Am 28. Mai 1889[1] bezog Wilhelm II. das Neue Palais mit sciner Ehefrau Auguste Victoria und den fünf Söhnen[2] zum ersten Mal für den Sommeraufenthalt. Die Wohnung des Kaisers und der Kaiserin lag im ersten Stockwerk des Corps de logis, sie umfasste die elf Zimmer des Oberen Fürstenquartiers. Die Gesellschaftszimmer mit ihren Wohn- und Arbeitsräumen lagen an der Gartenseite, während sich die Schlaf- und Toilettezimmer an der Hofseite befanden. Bei den Wohnräumen ist besonders auffallend, dass es sich dabei um dieselben Zimmer handelte, in denen bereits die Eltern des Kaisers gewohnt hatten. Obwohl Wilhelm II. besonders zu seiner Mutter ein spannungsreiches Verhältnis hatte, zog er mit seiner Ehefrau in dieselben Zimmer, die sie bewohnt hatte, und nutzte die darin befindlichen Einrichtungsgegenstände weiter. Das Kaiserpaar behielt die originalen Möbel, die im 18. Jahrhundert von bedeutenden Ebenisten wie Johann Friedrich und Heinrich Wilhelm Spindler und Johann Melchior Kambly geschaffen wurden, weiter und ergänzte sie durch Neuanfertigungen im Stil des Neurokoko. Neben dem Potsdamer Hoftischler Franz Borchmann muss hier der aus Paris nach Berlin gekommene Kunsttischler Julius Zwiener genannt werden. Zwiener, der auf Anraten der Kaiserin Friedrich[3] zu Beginn der 1890er-Jahre an den preußischen Hof kam, war auf die Herstellung von Luxusmöbeln spezialisiert. Er fertigte im Auftrag Wilhelms II. eine Reihe von Einrichtungsgegenständen für das Neue Palais an. Die im Stil des Neurokoko gehaltenen Möbel fügten sich stilistisch nahtlos in die Wand- und Deckengestaltung ein, die noch aus der Zeit Friedrichs des Großen stammten.[4]

Kaiser Wilhelm II. in der Paradeuniform des Regiments der Garde du Corps, Gemälde von Philip Alexius de László, 1910
Das überlebensgroße Bildnis des Kaisers gehörte zur Ausstattung des Berliner Schlosses. Das Gemälde weist in Höhe des Oberkörpers und des Kopfes vier lange Einschnitte auf. Es ist davon auszugehen, dass die Beschädigungen aus den Tagen der Novemberrevolution 1918 herrühren, als das Berliner Schloss von Soldaten und Matrosen besetzt gehalten wurde.

Die kaiserliche Familie vor dem Neuen Palais, Aquarell von Otto von Günther-Naumburg, 1889
Der Einzug Wilhelms II. in das Neue Palais im Jahr 1889 bot Günther-Naumburg einen willkommenen Anlass, den neuen Wohnsitz im Bild festzuhalten. Die kaiserliche Familie im Vordergrund übersieht man leicht, denn der namhafte Landschafts- und Architekturmaler legte vor allem Wert auf die detailgetreue Darstellung des Schlosses und des Gartens in einer fein nuancierten Farbgebung.

Links: Kaiser Wilhelm II. in Hofjagduniform, Gemälde von Philip Alexius de László, 1908
Der in Ungarn geborene László gehörte zu den gefragtesten Porträtisten der europäischen Fürsten- und Königshäuser. Das Gemälde, für das Wilhelm II. im Neuen Palais Porträt saß, zeigt den Kaiser in einer für ihn ungewöhnlich nachdenklichen und in sich gekehrten Haltung. Es ist ihm anzusehen, dass er noch unter dem Eindruck der durch die Daily Telegraph-Affäre ausgelösten Regierungskrise steht. Das von der Kaiserin überaus geschätzte Porträt gehörte zur Einrichtung ihres Wohnzimmers im Neuen Palais.

Rechts: Kaiserin Auguste Victoria, Gemälde von Philip Alexius de László, 1908
Das lebensgroße Gemälde der Kaiserin Auguste Victoria gehört zu ihren populärsten Bildnissen. Entsprechend ihrer herausgehobenen Stellung als Monarchin trägt sie die höchste preußische Auszeichnung, den Bruststern und die orangefarbene Schärpe des Schwarzen Adler Ordens. Mit dem brillantbesetzten Kleeblattdiadem krönte László die Gesamtkomposition eines Porträts der hoheitsvollen und zugleich gütigen Landesmutter.

Wilhelm II. erreichte seine Wohnung über das sogenannte Kaisertreppenhaus (R. 255). Hier lag der über zwei Stockwerke reichende zentrale Marmorsaal (R. 256, Abb. S. 62), der für repräsentative Veranstaltungen und Abendunterhaltungen bei Staatsbesuchen genutzt wurde. Um Musiker und Chöre wirkungsvoll in Szene zu setzen, gehörte seit 1896 ein Musikpodium zur Ausstattung des Saals. Die Tribüne im Stil des Neurokoko nahm mit einer Größe von 14 x 11 Metern fast die Hälfte der Grundfläche des Saals ein. Das Podium war transportabel und wurde nur zu festlichen Anlässen aufgebaut.[5] Im Anschluss an den Marmorsaal begann die Wohnung Wilhelms II., die mit einem Empfangszimmer (R. 257, Abb. S. 64) ihren Auftakt nahm. Dieser Raum erhielt 1910 mit der Einrichtung als Bibliothek eine neue Funktion. Dominierend waren drei Bibliotheksschränke, die von Franz Borchmann ausgeführt wurden.[6] Zwei Schränke standen an der West- und einer an der Nordwand. Bei der Gestaltung hatte sich Borchmann an den Bücherschränken in der Wohnung Friedrichs des Großen im Neuen Palais orientiert. Somit wollte Wilhelm II. den Eindruck einer gewissen Gleichrangigkeit zwischen dem Erbauer und dem derzeitigen Nutzer herstellen.[7] Da zur Wohnung der Kaiserin kein eigener Bibliotheksraum gehörte, hatten auch die Bücher Auguste Victorias hier ihren Platz gefunden. Den Grundstock der Sammlung bildete eine Bibliothek, die Vertreter der Berliner Verlagsbuchhändler dem Kaiserpaar 1881 zur Hochzeit schenkten.[8] Dem Bibliotheksraum folgte das Arbeitszimmer des Kaisers (R. 258, Abb. S. 65). Erst in jüngster Zeit hat der Kunsthistoriker Jörg Meiner zur Einrichtung der Wohnung des Kaiserpaares im Neuen Palais geforscht.[9] Er konnte nachweisen, dass Wilhelm II. das Arbeitszimmer seines Vaters in fast unveränderter

Blick auf die Gartenseite des Neuen Palais von Norden, 1911/12
Die Wohnräume der kaiserlichen Familie lagen nördlich des Mittelrisalits. Hinter den hohen Fenstertüren der ersten Etage befanden sich die Appartements des Kaiserpaares. Darüber, hinter den ovalen Fenstern, hatten die Söhne Wilhelms II. mit ihren Erziehern ihre Wohnungen. Im Mittelrisalit und im Südflügel lagen die Festsäle und die Räumlichkeiten, die den fürstlichen Gästen vorbehalten waren.

Rechte Seite: Blick auf die Gartenfassade des Neuen Palais von Norden, 1911/12
Die neubarocke Balustrade mit ihren schmiedeeisernen Kandelabern entstand zwischen 1891 und 1894 zur Aufwertung der Gartenseite des Schlosses. Wilhelm II. hatte den Bildhauer Walter Schott mit den Ausführungen beauftragt. In den Jahren bis 1914 war die Terrasse der Schauplatz von zahlreichen Staatsempfängen. Wilhelm II. schritt mit dem fürstlichen Gast hier üblicherweise die Front der Ehrenformation des 1. Garderegiments zu Fuß ab.

Blick auf den Hofdamenflügel von Nordwesten, 1911/12
Der Name Hofdamenflügel geht auf die Bewohnung durch weibliche Mitglieder des Gefolges der Kaiserin zurück. Der niedrige nördliche Schlossflügel beherbergte die Wohnungen der Hofdamen und der Oberhofmeisterin. Das kleine, auffällige, schwarz-weiße Holzhaus diente der Wache bei ungünstigem Wetter als Unterstand. Für die Sicherheit der Schlossbewohner waren Militärposten verantwortlich, die entlang des Podestes patrouillierten.

Blick vom »Sandhof« auf den nordwestlichen Schlossflügel, 1911/12
Im Corps de logis, dem Haupttrakt des Schlosses, lagen die privaten Wohnräume des Kaiserpaares. In der ersten Etage gehörten dazu das gemeinsame Schlafzimmer sowie die Toiletten- und Garderobenräume. Im ersten Obergeschoss des Schlossflügels, der den Hof nach Westen begrenzt, hatte die Kaisertochter Victoria Luise ihre Wohnung.

Blick auf den Adjutantenflügel von Südwesten, 1911/12
Der Name Adjutantenflügel geht auf die Nutzung durch das zum Hofstaat des Kaisers gehörende militärische Gefolge zurück. Der niedrige südliche Schlossflügel beherbergte neben der historischen Wohnung Friedrichs des Großen auch die Appartements von zwei Adjutanten und des Generaladjutanten. Hinter der Flügeltür, die mit einer Markise versehen ist, lag das Dienstzimmer des Portiers, der u. a. für die Entgegennahme der Dienstpost zuständig war.

Blick vom »Sandhof« auf den südwestlichen Schlossflügel, 1911/12
Im Corps de logis hatte bereits Friedrich der Große zwei Gästewohnungen einrichten lassen. Aufgrund ihrer zentralen Lage logierten in den Oberen und den Unteren Roten Kammern nur fürstliche Gäste ersten Ranges. Dazu gehörten die gekrönten Häupter der Königshäuser und die Thronfolger der europäischen Dynastien. Der südwestliche Flügel beherbergte das Schlosstheater, das Kaiser Wilhelm II. durch die königliche Hofoper regelmäßig bespielen ließ.

Die Communs als prächtige Kulisse, um 1911
Zur Schlossanlage gehören zwei aufwendige Gebäude: die Communs. Beide Bauwerke werden von einem Kolonnadenbogen miteinander verbunden. Auf der Kuppel des Triumphtores wehte bei Anwesenheit Wilhelms II. im Neuen Palais die kaiserliche Standarte. Im südlichen Commun waren die Hofdienerschaft und die Schlossküche untergebracht. Das nördliche Commun diente von 1820 bis 1918 als Kaserne des Lehr-Infanterie-Bataillons.

Weise weiter nutzte. Im Zentrum des Raumes war ein hohes, weißgefasstes und vergoldetes Schreibpult[10] im Stil des Neurokoko platziert worden. Die auf dem Tisch liegende schräge Platte ermöglichte ein bequemeres Arbeiten. Vor dem Tisch stand ein Stuhl in Form eines Sattels, den bereits Friedrich III. genutzt hatte. Der mit Leder bezogene Sitz ruhte auf einer Holzschraube, sodass er in der Höhe variabel war. 1907 wurde der Sattelstuhl gegen ein neuklassizistisches Modell aus Mahagoni ausgetauscht.[11] Ergänzt wurde der Schreibplatz durch einen historischen Schreibtisch,[12] der ebenfalls mit einer für die friderizianischen Möbelkunst charakteristischen schrägen Arbeitsplatte versehen war. Zum Schreibpult passend gehörten auch weiß gefasste und vergoldete Kommoden zur Aufbewahrung von Folianten[13], die ähnlichen Möbeln aus der Wohnung Friedrichs II. nachempfunden waren. Auch die Gemäldehängung übernahm Wilhelm II. von seinem Vater nahezu identisch. Bei den Porträts handelte es sich um hochgeschätzte und historisch bedeutende Mitglieder des Hauses Hohenzollern des 17. und 18. Jahrhunderts. An herausragender Position, dem Arbeitsplatz des Kaisers gegenüber, hingen Bildnisse von Friedrich Wilhelm I., dem Soldatenkönig, und seiner Gemahlin Sophie Dorothea, die Georg Wenzeslaus von Knobelsdorff (1699–1753) 1737 geschaffen hatte.[14] In der Mitte des Herrscherpaares war ein Porträt ihres – später »Friedrich der Große« genannten – Sohnes platziert, das der Hofmaler Antoine Pesne (1683–1757) 1739 ein Jahr vor dessen Thronbesteigung gemalt hatte.[15] An der Westwand befand sich an zentraler Stelle eine verkleinerte Fassung des Familienbildnisses des Großen Kurfürsten, Friedrich Wilhelm von Brandenburg, von Jan Mijtens[16] (1613/14–1670). Eingerahmt wurde dieses Gemälde von einem Porträt des Fürsten Leopold I. von Anhalt-Dessau (»Alter Dessauer«) (1676–1747),[17] der ein enger Vertrauter des Soldatenkönigs war, sowie von einem Bildnis des Prinzen Heinrich,[18] dem jüngsten Bruder Friedrichs des Großen.

Links neben dem Kamin werden fünf Gemälde bekrönt von Antoine Watteaus »Schauspieler der französi-

Grundriss der ersten Etage des Nordflügels mit der Lage der kaiserlichen Wohnungen (Ausschnitt, bearbeitet), Otto Wittig, 1911

schen Komödie«,[19] die beiden darunter hängenden kleinen Seestücke von Ludolf Bakhuizen werden flankiert von Nicolas Lancrets »Tanz vor dem Zelt« (links) und Jean-Baptiste Pater »Schauspielschule der italienischen Komödie«.[20]

Zur Wohnung Wilhelms II. gehörte darüber hinaus ein Vortragszimmer (R. 173, Abb. S. 66). Dieser Raum ist nicht Bestandteil der historischen friderizianischen Raumfolge dieser Etage, er lag im Erdgeschoss an der Ehrenhofseite. Der Raum befindet sich in unmittelbarer Nachbarschaft zum Sterbezimmer des vom Volke so verehrten Friedrich III. Im Zentrum des Zimmers befand sich ein großer Besprechungstisch im Stil des Neurokoko. Der Kaiser nahm an der Stirnseite Platz und ließ sich vom Reichskanzler und den Chefs des Zivil-, des Militär-, und des Marinekabinetts hier Bericht erstatten. Die drei Kabinette bildeten gewissermaßen das Bindeglied zwischen Hof und Staat. Zutritt zu diesem Raum hatten auch die höchsten Hofbeamten; so hielten der Minister des königlichen Hauses, der Oberhof- und Hausmarschall, der General- sowie die Flügeladjutanten dem Kaiser hier Vortrag. Wie Jörg Meiner schreibt, hat Wilhelm II. bewusst diesen Ort als Vortragszimmer gewählt, da »die demonstrative Nähe des Staatsgeschäfte erledigenden Kaisers zur Aura seines verstorbenen Vaters hätte als Erfüllung eines Vermächtnisses kaum fasslicher inszeniert werden können. Auch im Zimmer selbst war die Erinnerung an den Vater lebendig.« Nicht nur durch das Miniaturstandbild des 99-Tage-Kaisers auf dem Vortragstisch, »sondern auch in Form eines Schreibtisches, den Friedrich III. als Erbschaft der 1873 verstorbenen Königin Elisabeth von Preußen erhalten hatte. Das Möbel, in der Raumaufnahme links angeschnitten, galt als Schreibtisch Friedrichs II. aus dem Berliner Schloss und Friedrich III. hatte ihn mit einem eigenhändig beschriebenen Zettel versehen, der die Authentizität des Möbels verbürgte.«[21] »Für Wilhelm II. nun war dieser kostbare französische Schreibtisch von 1746 gleichsam eine Doppelreliquie, die sowohl an Preußens historische Licht-

Nächste Seite: Der Marmorsaal, 1911/12 (Raum 256)
Der Marmorsaal war durch seine zentrale Lage im Mittelbau des Corps de logis der Hauptfestsaal des Neuen Palais. Der mit schlesischem Marmor ausgestattete Raum war während der Regierungszeit Wilhelms II. regelmäßig Schauplatz von Festlichkeiten bei Staatsbesuchen. Zugleich war der Saal der prunkvolle Auftakt zur kaiserlichen Wohnung. Durch die nordwestliche Flügeltür betrat Wilhelm II. sein Appartement.

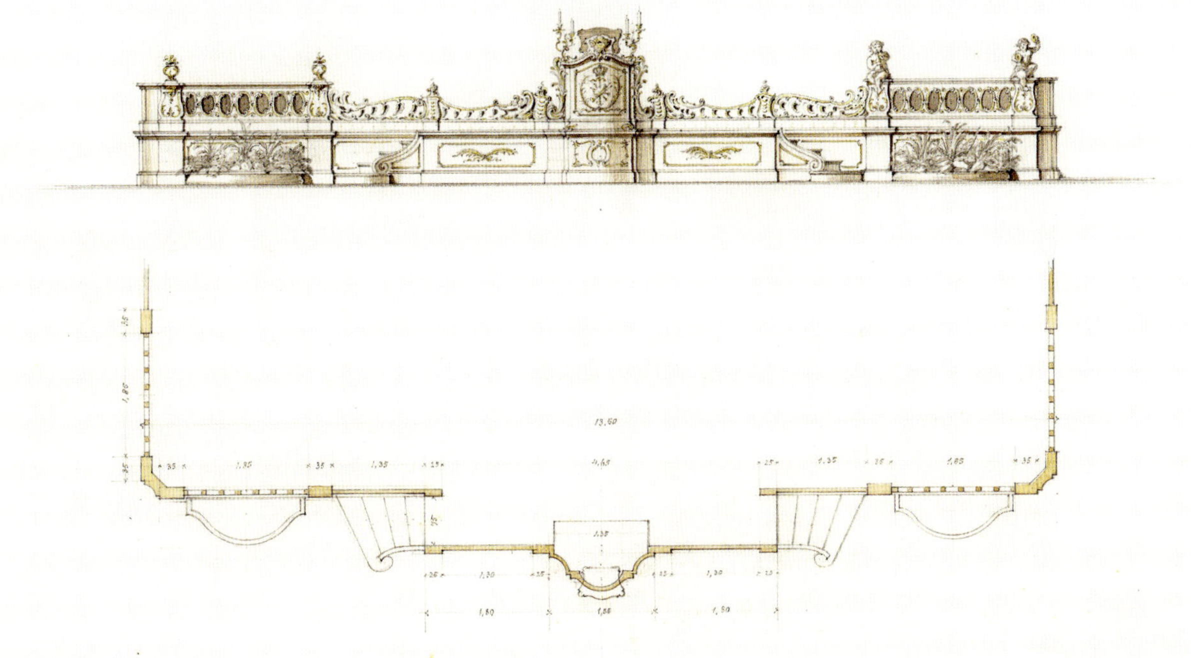

Ansicht und Aufriss des Musikpodiums, unbekannter Künstler, um 1895
1896 wurde der Marmorsaal mit einem Musikpodium im Stil des Neurokoko ausgestattet. Die Vorderfront war weißgefasst und mit vergoldeten Schnitzereien dekoriert. Eine sechsstufige Treppe führte auf das Dirigentenpodium. Seitlich angeordnet bekrönten musizierende Putten und Blumensträuße das Geländer. Durch die Höhe von etwa einem Meter konnten Musiker und Chöre bei Abendunterhaltungen im Marmorsaal wirkungsvoll in Szene gesetzt werden.

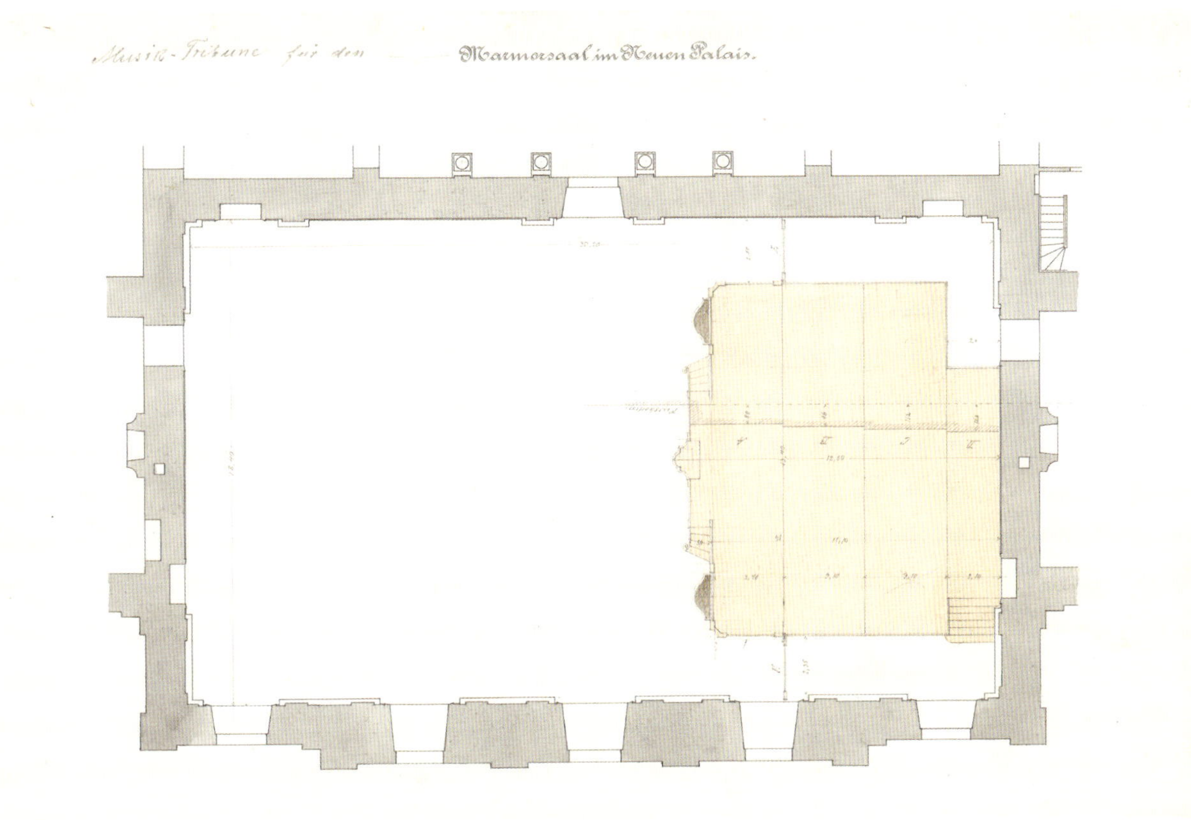

Grundriss des Marmorsaals mit der Lage des Musikpodiums, unbekannter Künstler, um 1895
Das Musikpodium hatte seinen Platz an der nördlichen Wand zur kaiserlichen Wohnung. Mit einer Größe von 14 x 11 Metern nahm die Tribüne gut die Hälfte des Marmorsaals ein. Der Zugang zur südlich anschließenden Oberen Galerie blieb frei, sodass die Festgesellschaft nach dem Ende des Konzertes hier ihren Kaffee einnehmen konnte. Das Podium war transportabel und wurde nur zu festlichen Anlässen von Schlossdienern aufgebaut.

Das Bibliothekszimmer, 1911/12 (Raum 257)
Die Wohnung Wilhelms II. wurde mit dem Empfangszimmer eröffnet. Der Raum hatte mit der Einrichtung als Bibliothek im Jahr 1910 eine neue Funktion erhalten. An der Ostwand hatten zwei Bibliotheksschränke Aufstellung gefunden (von denen einer im Bild sichtbar ist), an der Nordwand einer. Bei der Gestaltung der Möbel orientierte sich der Hoftischler Franz Borchmann an den Schränken in der Wohnung Friedrichs des Großen im Neuen Palais.

gestalt als auch an den Vater erinnerte und damit in der Folge ein sichtbares Zeichen der eigenen Legitimation darstellte.«[22] Es ist davon auszugehen, dass Wilhelm II. über dem Schreibtisch das Gemälde »Friedrich und die Seinen in der Schlacht bei Hochkirch« von Adolf Menzel (1815–1905) platziert hatte.[23] Der Künstler selber erwähnt in einem Brief, dass das Gemälde »den Ehrenplatz an der Hauptwand in des Kaisers Arbeitskabinett im Neuen Palais« erhalten habe.[24] Mit Arbeitskabinett kann durchaus der Vortragsraum gemeint sein, denn das Arbeitszimmer (R. 258) kann für die Präsentation ausgeschlossen werden, da er durch fotografische Aufnahmen auch zu unterschiedlichen Zeitpunkten gut dokumentiert ist. Außerdem passt dieses Historienbild thematisch nicht zu den hier ausgestellten Familienporträts, sodass nur die Wandfläche des Vortragszimmers, gegenüber des Kartentisches, für das fast 3 x 4 Meter[25] große Gemälde ausreichend Platz bot. Hier war auch der Kontext zum Schreibtisch aus dem Besitz Friedrichs II. gegeben.

Neben dem Arbeitszimmer Wilhelms II. (R. 258) im Oberen Fürstenquartier lag die Jagdkammer, hier begann die Wohnung der Kaiserin. Der wohnliche Charakter ihres Wohnzimmers (R. 259, Abb. S. 68–70) wurde maßgeblich durch die Wandbespannung bestimmt. In Anlehnung an die Jagd sollte das Stoffmuster an Jagdnetze erinnern, ergänzend durch Eichenstämme. Aus knorpeligem Astwerk entsprangen in verschiedener Größe Eichenblätter und Anemonensträuße. Bei dem Gewebe handelte es sich um eine der wenigen original erhaltenen Wandbespannungen aus den 1760er-Jahren. Die besondere Wirkung des Gewebes aus der Berliner Manufaktur Gebrüder Baudouin und Söhne lag in der Kombination eines glänzenden Silberfadens und der samtartigen Chenillebroschierung in den Farben Schwarz, Rot und Rosa.[26] Bei der Neueinrichtung als Schreib- bzw. als Wohnzimmer der Kaiserin zeigten sich an einigen Stellen bereits Risse im Gewebe, sodass der Stoff 1895 durch eine Kopie ersetzt werden sollte. Im Archiv der Firma Tassinari & Chatel in Lyon ist ein

Das Arbeitszimmer Wilhelms II., Fotografie von Waldemar Titzenthaler, 1899 (Raum 258)
Das hohe, weißgefasste Schreibpult im Zentrum des Raumes diente dem Kaiser als Arbeitsplatz. Vor diesem Pult stand ein Stuhl mit einem Sattel als Sitzfläche, den bereits sein Vater genutzt hatte. Ergänzt wurde dieses Ensemble durch eine friderizianische Schreibtischkommode.

Das Arbeitszimmer Wilhelms II., Fotografie von Waldemar Titzenthaler, 1899 (Raum 258)
Zum Wandschmuck gehörten historische Familienporträts von bedeutenden Mitgliedern des preußischen Königshauses. Hervorzuheben sind Bildnisse des »Soldatenkönigs« Friedrich Wilhelm I. und seiner Gemahlin Sophie Dorothea von Georg Wenzeslaus von Knobelsdorff sowie an der Kaminseite kostbare französische Malerei mit Werken von Antoine Watteau und Nicolas Lancret.

entsprechender Auftrag aktenkundig. Allerdings gab es vermutlich aus Kostengründen nur eine Lieferung, die für neue Bezüge der Sitzmöbel ausreichte.[27] Die bisher als gemeinsames Wohnzimmer Friedrichs III. und Victorias genutzte Jagdkammer[28] war nun allein für Auguste Victoria bestimmt. Die junge Kaiserin hatte nach dem Thronwechsel 1888 einen Großteil der Einrichtungsgegenstände ihrer Schwiegereltern übernommen. Dazu gehörten zwei weißgefasste Aufsatzschränke mit offenen Regalen und einem niedrigen Zwischenteil, der seit den 1870er-Jahren zur Ausstattung des Raumes gehörten.[29] Erst 1904 kam es zu einer teilweisen Neueinrichtung des Zimmers. Anlass war die Aufstellung eines luxuriösen Möbels in Form eines Doppel-Vitrinenschranks des Ebenisten Julius Zwiener. Das Möbel war ein Geschenk Wilhelms II. zum 45. Geburtstag seiner Ehefrau im Oktober 1903.[30] In den verglasten Vitrinen sowie auf dem Mittelteil hatte die Porzellansammlung der Kaiserin ihren Platz gefunden. Dazu gehörten weibliche und männliche Figuren aus der Königlichen Porzellanmanufaktur Berlin (KPM), der Manufaktur Meißen sowie Schalen aus Elfenbein und Achat.[31] Mit der Aufstellung des Möbels erfolgte eine übersichtlichere Anordnung der Einrichtung. An die Stelle des Konzertflügels, auf dem eine schwere Brokatdecke lag, und einer Chaiselongue trat eine aus mehreren Polstersesseln bestehende Sitzgruppe vor den Kamin, die in loser Folge von Beistelltischen ergänzt wurde. Die Gemäldeausstattung wurde teilweise ausgetauscht und wies nun auf das Haus Schleswig-Holstein-Sonderburg-Augustenburg, das Elternhaus der Kaiserin, hin. An zentraler Stelle über den Vitrinenschränken war das Brautbild der Mutter der Kaiserin, Adelheid zu Hohenlohe-Langenburg (1835–1900) platziert, das Richard Lauchert 1856 angefertigt hatte.[32] Auf der Staffelei neben der Tür ist das Bildnis der jüngsten Schwester Auguste Victorias, Feodora zu Schleswig-Holstein (1874–1910), zu sehen. Mit dem Porträt Kaiser Wilhelms I. von Paul Bülow[33] (1842–1889) unterstrich Auguste Victoria ihre herausgehobene Stellung als erste Dame des Reiches. Schließlich hatte das Haus Hohenzollern unter der Regierung Wilhelms I. 1871 die Deutsche Kaiserwürde erlangt. Unverändert blieb die Gemäldehängung an der Wand zum Oberen Konzertzimmer. Das Bild »Christus und Johannes der Täufer als Kinder«[34] des flämischen Barockmalers Peter Paul Rubens (1577–1640) ist ein Beleg für die besondere Frömmigkeit der Kaiserin. Neben der Jagdkammer lag das Obere Konzertzimmer (R. 260, Abb. S. 71 u. 72). Durch die reiche Versilberung der Wandschnitzereien und des Deckenstucks setzte sich für diesen Raum die Bezeichnung »Silberzimmer« durch. Das von Kronprinzessin Victoria in der Mitte des Zimmers platzierte Rundsofa, das den Raum dominierte, wurde 1904 entfernt. Durch die Wegnahme des Möbels war genügend Raum gewonnen worden, um hier Konzerte im familiären Rahmen durchführen zu können. Die musisch begabte Hofdame Claire von Gersdorff trat hier auf Wunsch der Kaiserin gelegentlich auf.

Dem Zimmer folgt das kostbar ausgestattete Eckkabinett (R. 261), das der Familie als Frühstückszimmer diente. Eine nachträglich in die Wandvertäfelung eingelassene kleine zweiflügelige Tür wurde als Durchreiche für die Speisen aus dem Anrichteraum (R. 263) genutzt. Das benachbarte Vorzimmer (R. 262) war ungewöhnlich klein, da eine bereits 1868 eingezogene Wand[35] den Raum in zwei Bereiche unterteilte. Hinter einer Trennwand, die der historischen Raumdekoration angepasst worden war, lag ein dunkles Zimmer, das als Anrichteraum für das Frühstückszimmer diente. Der kleine Raum erhielt nur durch die oberhalb der Trennwand eingelassenen Fenster etwas Tageslicht. Vom Vorzimmer aus betrat Auguste Victoria ihre Wohnung. So besaß die Kaiserin, genau wie ihr Ehemann, mit der sogenannten »Kaiserinnentreppe« (R. 264) eine separate, recht repräsentative Zuwegung zu ihren Räumlichkeiten. Im Jahr 1903 ist in diesem Aufgang für den speziellen Gebrauch der Kaiserin ein hydraulischer Personenfahrstuhl eingebaut worden. Den Aufzug installierte die Berliner Firma Carl Flohr, die zu Beginn des 20. Jahrhunderts zu den führenden Aufzugsherstellern in Deutschland gehörte.[36] Für den Einbau des Fahrstuhlschachtes konnte die Tiefe der Außenmauer des Treppenhauses genutzt werden,

Das Vortragszimmer Wilhelms II., 1911/12 (Raum 173)
Das Vortragszimmer lag im Erdgeschoss neben dem Sterbezimmer Kaiser Friedrichs III. An der Stirnseite des Besprechungstisches vor dem Alkoven nahm der Kaiser Platz und ließ sich vom Reichskanzler und den Chefs der Zivil-, des Militär- und des Marinekabinetts regelmäßig Bericht erstatten. Der Funktion des Zimmers als Arbeitsraum folgend waren anstelle eines kostbaren Teppichs einfache Bastläufer ausgelegt worden.

Das Wohn- und Schreibzimmer Auguste Victorias, vor 1904 (Raum 259)
Zur Einrichtung des Wohnzimmers der Kaiserin gehörten Möbel, die sie von ihrer Schwiegermutter Victoria übernommen hatte. Darunter waren die zwei weißgefassten hohen, offenen Regale mit dem niedrigen Zwischenteil. Darüber befand sich das Gemälde »Der Mann mit einem Guckkasten auf einem Jahrmarkt« des französischen Meisters Nicolas Lancret. Das Bild ließ sich Auguste Victoria 1919 ins niederländische Exil nachschicken.

Rechte Seite: Das Wohn- und Schreibzimmer Auguste Victorias, nach 1904 (Raum 259)
Aus Anlass der Aufstellung des Doppel-Vitrinenschrankes von Julius Zwiener wurde das Wohnzimmer der Kaiserin teilweise neu eingerichtet. Das Möbel war ein Geschenk Wilhelms II. zum 45. Geburtstag seiner Ehefrau. Auch die Gemälde wurden ausgetauscht. An zentraler Stelle platzierte man nun das Brautbild der Mutter der Kaiserin, Adelheid zu Hohenlohe-Langenburg. Mit dem Porträt Wilhelms I. unterstrich Auguste Victoria ihre Zugehörigkeit zum Haus Hohenzollern.

sodass der Fahrkorb nach außen hin nicht sichtbar war. Da die Wohnräume der Prinzessin Victoria Luise ebenfalls von diesem Treppenhaus aus zu erreichen waren, dürfte auch die Kaisertochter das moderne Hilfsmittel benutzt haben.

An der Ehrenhofseite lagen Toilette- und Garderobenzimmer sowie das Schlafzimmer. Es ist anzunehmen, dass aufgrund des intimen Charakters dieser Privaträume das Oberhofmarschallamt die fotografische Dokumentation durch die Königliche Messbildanstalt nicht genehmigt hat. Daher sind wir nicht im Besitz von Fotografien. Glücklicherweise haben sich Inventarverzeichnisse aus dem Jahr 1895 erhalten,[37] die eine Beschreibung der Zimmer wiedergeben. Das Große Schlafzimmer (R. 272) wurde vom Kaiserpaar als gemeinsames Schlafzimmer genutzt. Das im Alkoven stehende Bett gehört zur originalen Ausstattung des Raumes.[38] Zum Wandschmuck gehörten gerahmte Aquarelle mit Ansichten der griechischen Insel Korfu.[39] Flankiert wurde das Schlafzimmer von den jeweiligen Toilettezimmern des Kaisers und der Kaiserin. Südlich des Schlafzimmers lag das Toilettezimmer Wilhelms II. (R. 274). Es war unter anderem mit einem Ruhebett aus Messing und zwei Rasierstühlen ausgestattet.[40] Die Stühle hatten an den Rückenlehnen verstellbare »Kopfhalter«, zudem waren der Sitz, die Rückenlehnen und die Kopfhalterung mit braunem Saffianleder bezogen.[41] Auf einem der Stühle nahm der Kaiser Platz, um seinen hochgezwirbelten Schnauzbart, der zum modischen Leitbild der wilhelminischen Epoche avancierte, in Form bringen zu lassen. Zur körperlichen Ertüchtigung stand Wilhelm II. hier ein Sportgerät zur Verfügung: Seit 1907 war der Raum

Detail aus dem Wohnzimmer der Kaiserin, Werkstatt von Ottomar Anschütz (?), um 1911 (Raum 259)
Die einzig bekannte farbige zeitgenössische Innenaufnahme, die im kaiserlichen Neuen Palais entstand, zeigt ein Detail aus dem Wohnzimmer der Kaiserin. Dass ausgerechnet das Porträt der Herzogin Feodora zu Schleswig-Holstein im Bild festgehalten wurde, lässt Auguste Victoria als Auftraggeberin vermuten. Das mit Blumen geschmückte Bildnis weist auf eine besondere Ehrung der 1910 verstorbenen Schwester der Kaiserin hin.

mit einem Ruderapparat ausgestattet, dessen Sitz und Griffe aus Mahagoniholz gearbeitet waren.[42] Die sportliche Betätigung diente in erster Linie zum Training für den durch einen Geburtsfehler verkürzten linken Arm des Kaisers. Im Berliner Schloss hatte sich Wilhelm II. 1906 ein Turnkabinett einrichten lassen. Zur Ausstattung gehörten verschiedene elektrisch betriebene Geräte »für Heilgymnastik«, wie »ein Trabsattel, ein Kamelsattel, ein Brustweiter, ein Klopfapparat, ein Ruderapparat, ein Apparat für Rumpfbewegungen und ein Vibrator«.[43]

Neben dem Toilettezimmer folgte der Garderobenraum (R. 275), in dem Wilhelm II. einen Teil seiner zahlreichen Uniformen aufbewahrte. Der Kaiser war Chef von acht preußischen Regimentern, weiter hatte er 16 Ehrenstellungen in ausländischen Armeen und Marinen inne. Wenn Wilhelm II. deutsche Bundesfürsten oder internationale Fürstlichkeiten im Neuen Palais empfing, trug er die entsprechende Uniform des außerpreußischen Regiments, deren Inhaber er ehrenhalber war. Hinzu kamen die Uniformen seiner Leib-Regimenter, wie die des 1. Garde Regiments zu Fuß, des Regiments der Garde du Corps, des Leib-Garde-Husaren-Regiments, des Regiments Königs-Jäger zu Pferde Nr. 1, des Großadmirals der Kaiserlichen Marine sowie des Leibhusaren Regiments Nr. 1.[44] An den Längsseiten des Raumes waren »zwei große Kleiderschränke von Eichenholz gebeizt in Rococoform, bestehend aus drei zweitürigen Schränken; der mittlere Schrank tritt 0,19 cm hervor, mit Schnitzereien und geschnitzter

Der »Silbersalon«, das Audienzzimmer Auguste Victorias, vor 1904 (Raum 260)
Das Audienzzimmer der Kaiserin führte durch die reich versilberten Wand- und Deckendekore den Namen »Silberzimmer«. Die Einrichtung war eine Kombination aus originalem Mobiliar wie die unter dem Spiegel stehende »Drei-Grazien-Kommode« von Heinrich Wilhelm Spindler und Neuanfertigungen wie die im Zentrum des Raumes platzierte gepolsterte Sitzgelegenheit.

Bekrönung«[45], platziert worden. Die Schränke müssen sehr geräumig gewesen sein, da zu jeder Uniform noch Helme, Pelzmützen, Hemden, Säbel, Schuhe und Stiefel gehörten. Es ist anzunehmen, dass Zeremonialroben, wie die des Protektors des Schwarzen-Adler-Ordens und des Johanniter-Ordens im Berliner Schloss aufbewahrt wurden. An der Fensterseite dieses Raumes liegen zwei eintürige Wandschränke. Im Inneren befinden sich noch heute an der Stirnseite der schmalen Einlegeböden die originalen Pappschilder mit den Bezeichnungen der Uniformen. Daher ist bekannt, dass sich in diesen Schränken die deutschen außerpreußischen Uniformen befanden, deren Regimentschef der Kaiser war.[46]

Der private Bereich endete mit einem Vorzimmer (R. 276), das hinaus zum Kaisertreppenhaus führte. Das Vorzimmer war 1861 mithilfe einer Zwischenwand geteilt worden. Hier befand sich der dunkle Aufenthaltsraum für den Garderobier und ein schmales Treppenhaus für die Hofdienerschaft. Über eine Holzstiege betrat die persönliche Bedienung Wilhelms II. das Appartement. Kammerdiener, Garderobiers und Lakaien konnten alle Etagen vom Keller bis zum Dachboden erreichen, ohne die Haupttreppe zu passieren, die ausschließlich für den Kaiser und sein Gefolge bestimmt war.

Nördlich an das gemeinsame Schlafzimmer schloss sich das Toilettezimmer der Kaiserin (R. 269) an. Der Raum, zu dem nur ihr Ehemann, die Kinder sowie die Hofdamen und die persönliche Bedienung Zutritt hatten, war der privateste Raum der Monarchin. Hier nahm die Kaiserin ihr Bad, ließ sich ankleiden und be-

trieb Gymnastik. Hinter einer zweiflügeligen Tür lag das kleine Badekabinett (R. 270), dessen Wände »mit Kacheln nach Delfter Manier«[47] gefliest waren. Über der Zinkgusswanne war ein Glockenzug angebracht, der zur elektrischen Klingelleitung führte,[48] sodass Auguste Victoria bei Bedarf ihre Garderobenfrau rufen konnte.

Die Kaiserin trieb täglich Sport. Zur körperlichen Ertüchtigung stand ihr ebenfalls seit 1907 ein Ruderapparat zur Verfügung.[49] Nach dem Ankleiden ließ sich Auguste Victoria von ihrer Kammerfrau Susanne Chales de Beaulieu den Schmuck anlegen. Zur sicheren Aufbewahrung der Pretiosen war 1903 an der Kaminwand ein zwei Meter hoher »eiserner Juwelenschrank«[50] eingebaut worden. Nach der Betätigung einer schweren eisernen Schiebetür folgte ein kleiner Raum, in dem sich noch heute der Tresor befindet.

Nur von einem kleinen Flur getrennt, in dem sich ein Fernsprechapparat befand, folgte der letzte Raum der Wohnung der Kaiserin – das Garderobenzimmer (R. 285). An den drei Innenseiten des Zimmers waren 1898 Kleiderschränke im Stil des Neurokoko eingebaut worden. Die Möbel entsprachen in Stil und Farbe der Wandfassung des 18. Jahrhunderts, sodass der Eindruck entstehen sollte, dass die Schränke zur Originalausstattung des Zimmers gehören würden.[51]

Die Prinzen Wilhelm (l.) und Alexander Ferdinand von Preußen, unbekannter Fotograf, 1916 (Raum 272)
Der älteste Sohn des Kronprinzen, Wilhelm, sowie der Sohn des Prinzen August Wilhelm, Alexander Ferdinand, wurden im Schlafzimmer des Kaiserpaares fotografiert. Nur wenige Mitglieder der königlichen Familie hatten Zutritt zu diesem Raum. Es ist anzunehmen, dass die Kaiserin selbst ihre Enkelsöhne fotografierte, so entstand eine äußert private Momentaufnahme aus dem kaiserlichen Familienleben.

Die Wohnungen der Prinzen und der Prinzessin

Im Anschluss an die Garderobe der Kaiserin begann mit der Princess Wohnung der Bereich der Kinder des Kaiserpaares. Bereits 1864 hatte Kronprinzessin Victoria hier die Zimmer für ihre Söhne und Töchter eingerichtet. Auguste Victoria übernahm diese Nutzung, da sie von ihrem Toilettezimmer einen direkten Zugang zur »Kinderstube« hatte. Als das Kaiserpaar 1889 das Neue Palais bezog, gehörten fünf zwischen 1882 und 1888 geborene Söhne zur Familie: Kronprinz Wilhelm (*1882), die Prinzen Eitel Friedrich (*1883), Adalbert (*1884), August Wilhelm (*1887) und Oskar (*1888). Mit dem 1890 geborenen Sohn Joachim und der 1892 geborenen Tochter Victoria Luise war die kaiserliche Familie mit sieben Kindern komplett. Die Princess Wohnung wurde allerdings nur von den jüngeren Söhnen und deren Kindermädchen bewohnt. Das als »Kinderstube« bezeichnete Appartement bestand laut einer Logierungsliste des Jahres 1889[52] aus einem Speise- und einem Spielzimmer für die Prinzen Adalbert und August Wilhelm (R. 281 und 282) sowie über zwei Räume (R. 286 und 287) für den einjährigen Oskar. 1895 wurde der flächenmäßig größte Raum als Schulzimmer (R. 286) für die Prinzen eingerichtet.

Im Jahr 1898 kam es zu einer grundlegenden Änderung in der Nutzung der Räume. Die sechs Söhne des Kaisers waren dem Kindesalter entwachsen und hatten

Linke Seite: Der »Silbersalon«, das Audienzzimmer Auguste Victorias, 1912 (Raum 260)
Die Kaiserin ließ im Jahr 1904 das in der Mitte des Raumes zentral platzierte Sofa ausrangieren. Den dadurch gewonnenen Platz nutzte Auguste Victoria nun für Konzerte in familiärem Rahmen. Bei dem zwischen Fenster und Tür platzierten weißen marmornen Bildwerk handelt es sich um das Doppelporträt des Prinzen Joachim und der Prinzessin Victoria Luise, das der Berliner Bildhauer Robert Toberentz 1894 schuf.

Prinzessin Victoria Luise von Preußen, Fotografie von Gräfin Lita zu Rantzau (?), Herbst 1908
Nachdem die 16-jährige Prinzessin ihre Wohnung im Neuen Palais für einen Nachmittagsspaziergang verlassen hatte, entstand auf dem Umgang diese kleine Fotoserie. Victoria Luise war das jüngste Kind und die einzige Tochter Kaiser Wilhelms II.

die »Kinderstube« verlassen, sie waren in die zweite Etage umgezogen, wo sie unter Aufsicht von Gouverneuren eine militärische Erziehung erhielten. Nun begannen in der Princess Wohnung umfangreiche Modernisierungsarbeiten, um die Zimmer für die sechsjährige Prinzessin Victoria Luise einzurichten. Die Neueinrichtung von Räumen lag grundsätzlich in den Händen der Kaiserin, die sich mit dem Hausmarschall Freiherr Maximilian von Lyncker in allen diesbezüglichen Fragen abstimmte. Die Badekabinette aus den 1870er-Jahren wurden modernisiert. Sie erhielten wie die Bäder des Kaiserpaares »Fliesen nach Delfter Manier«. Der größte Eingriff in die Raumstruktur bestand in dem Einbau eines begehbaren Kleiderschrankes in einem der Gesellschaftszimmer (R. 289). Dazu wurde im Jahr 1899 der Raum in mehrere begehbare Schrankbereiche aufgeteilt. Der Potsdamer Tischler Carl Schultz entwarf die drei Seiten umfassende Schrankeinrichtung, die eine Breite von fast sechs Metern, eine Höhe von knapp drei Metern und eine Tiefe von etwa einem Meter hatte. Der Schrank, der durch eine Pendeltür betreten wurde, war weiß gefasst und in den Kehlungen rot abgesetzt.[53]

Die Wohnung Victoria Luises umfasste zunächst lediglich vier der elf Räume dieses Schlossflügels. Die anderen Zimmer waren für die Erzieherinnen und Gouvernanten bestimmt. Eröffnet wurde die Wohnung der Kaisertochter mit dem Wohnzimmer (R. 284). Es folgte das Schlafzimmer (R. 283), von wo aus die Prinzessin ihr Speisezimmer (R. 286) betrat, und endete schließlich mit ihrer Garderobe (R. 289). Die beiden zentralen Zimmer, das Wohn- und Schlafzimmer, lagen ganz bewusst an der Seite des großen Sandhofes, da diese Räume nach Südwesten ausgerichtet und damit klimatisch komfortabler waren. Im Jahr 1970 erinnerte sich die fast 80-jährige Kaisertochter an ihre Wohnung im Neuen Palais: »Da war zunächst mein entzückendes Wohnzimmer. Kretonmöbel im Rokokostil. Die Muster der Bezüge stellten große rote Nelken und Vögel dar. Am Fenster zum Sandhof hinaus stand mein Schreibtisch. Von hier aus beobachtete ich die Auffahrt von Besuchern,

Links: Wohnzimmer der Prinzessin Victoria Luise, Federzeichnung eines unbekannten Künstlers, um 1910 (Raum 284)
»Am Fenster zum Sandhof hinaus stand mein Schreibtisch. Von hier aus beobachtete ich die Auffahrt von Besuchern, die zur Audienz bei meinem Vater kamen«, erinnerte sich die Kaisertochter später. Da es keine fotografischen Aufnahmen von Räumen der Princess Wohnung gibt, ermöglicht diese Federzeichnung einen der seltenen Einblicke in das Appartement. Die Zeichnung war bis zum Tod Victoria Luises 1980 in deren Besitz.

Rechts: Elisabeth von Saldern, Fotografie von Gräfin Lita zu Rantzau, 1905
Elisabeth von Saldern war als Obergouvernante für die Erziehung der Kaisertochter Victoria Luise verantwortlich. Nach der Konfirmation der Prinzessin im Oktober 1909 galt die Erziehung als abgeschlossen, sodass die Erzieherin den preußischen Hof verließ.

die zur Audienz bei meinem Vater kamen. [...] Neben dem Wohnzimmer befand sich mein Schlafzimmer. Sein Marmorkamin war meine ganze Liebe. Noch heute sehe ich in allen Details das Bild, wenn während meiner Kindheit abends Nana,[54] meine englische Kinderfrau, noch einmal hereinkam und die Scheite für die Nacht aufzustochern [...]. An das Schlafzimmer schloss sich mein Esszimmer (R. 286) an. Dort aß ich, wenn meine Eltern abwesend waren, mit meinen Erzieherinnen. Daneben lagen die Zimmer meiner Gouvernante, und hier wohnte später auch eine Kammerfrau.«[55]

Elisabeth von Saldern (1878–1938), die als Nachfolgerin von Hildegard von Thadden im Jahr 1904 das Amt der Gouvernante übernommen hatte und 1906 zur Obergouvernante berufen worden war, oblag die Erziehung der Kaisertochter. Mit der Einsegnung Victoria Luises endete 1909 der schulische Unterricht und ein neuer Lebensabschnitt begann. Frau von Saldern schied im März 1910 aus dem Dienst aus.[56] An ihre Stelle trat Gräfin Elisabeth von Kanitz (1882–1958) als Hofdame. Diese übernahm die Wohnung Elisabeth von Salderns. Dazu gehörte das zum Eishof liegende zweite Schlafzimmer (R. 282) sowie das Blaue Glaskabinett (R. 290) als Schlaf- und Wohnzimmer. Die für die persönliche Bedienung der Hofdame zuständige »Jungfer« bekam als Wohn- und Schlafzimmer das Grüne Glaskabinett (R. 287) zugewiesen. Die Glaskabinette sind in ihrer Gestaltung außergewöhnlich. Sämtliche Wand- und Deckenflächen wurden im 18. Jahrhundert mit kleinteiligen Glasscherben besetzt. Als Fassung hatten die Wände einen blauen bzw. grünen Farbton erhalten. Mit dieser Gestaltungstechnik sollte der von Friedrich dem Großen bevorzugten Schmucksteine Chrysopras und Lapislazuli imitiert werden. Durch die komplette Ausstattung der beiden Räume mit Glasscherben war eine kühle und wenig wohnliche Atmosphäre entstanden.

Die ständige Bewohnung der Princess Wohnung endete im Mai 1913, als Victoria Luise den Prinzen Ernst August zu Braunschweig heiratete und ihr Elternhaus verließ. Allerdings war es kein Abschied für immer. Die

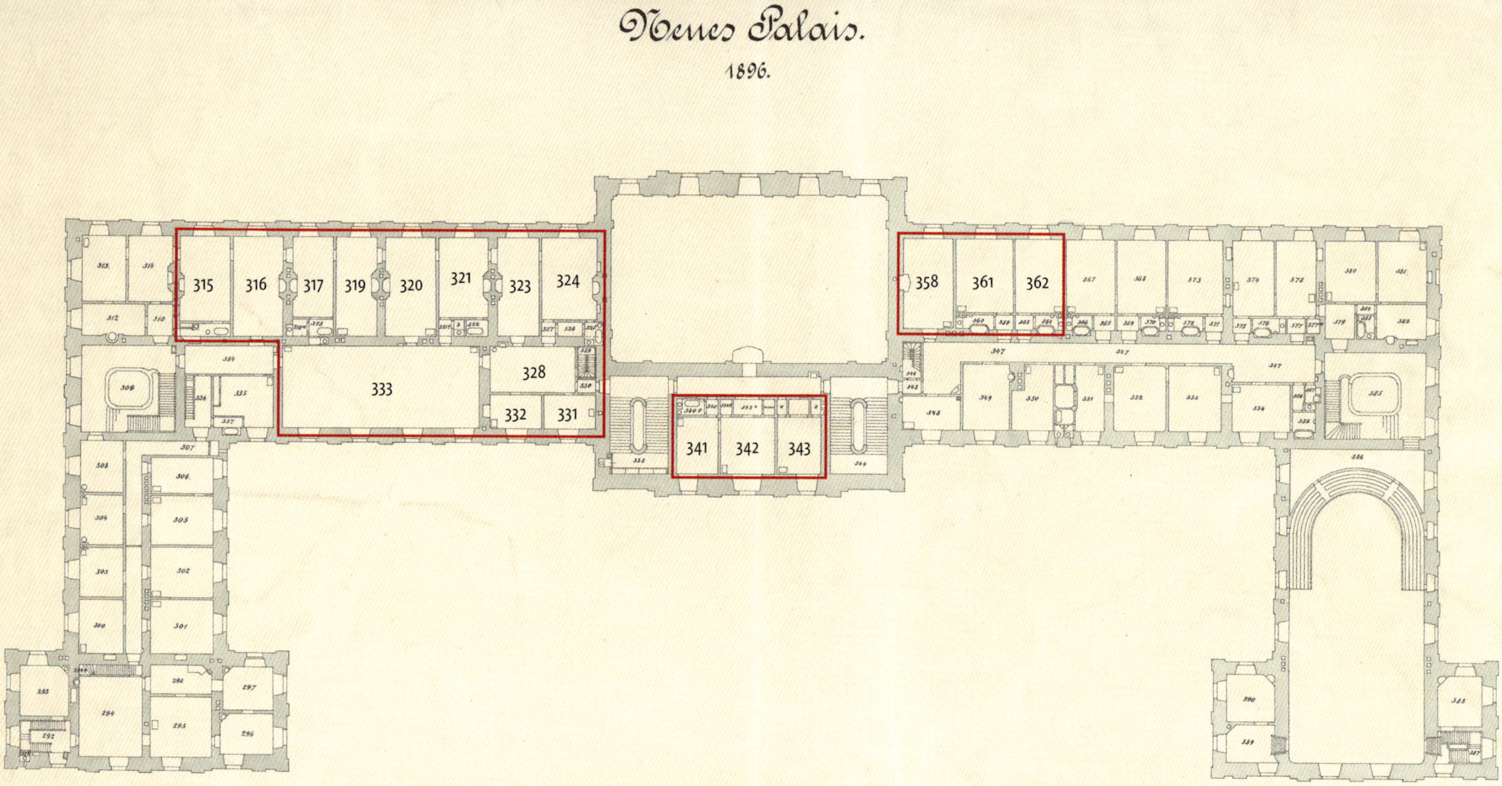

Grundriss der Zweiten Etage mit den Wohnungen der Söhne Kaiser Wilhelms II., 1900

Kaisertochter besuchte bis zum Ende der Monarchie 1918 regelmäßig ihre Eltern in Potsdam, sie logierte dann gemeinsam mit ihrem Ehemann in ihren ehemaligen Kinder- und Jugendzimmern. Für den im März 1914 geborenen Erbprinzen zu Braunschweig ist das Blaue Glaskabinett (R. 290) als Kinderstube eingerichtet worden. Im Jahr 1914 plante die Kaiserin im gemeinschaftlichen Schlafzimmer (R. 283) des Herzogpaares die Wandbespannung zu erneuern. Der ausgeblichene Baumwollstoff, sollte durch einen hochwertigen, dunkelroten Seidenstoff ersetzt werden. Allerdings verhinderte der Ausbruch des Ersten Weltkrieges im August 1914 die Umsetzung dieses Vorhabens.[57]

Die Brüder Victoria Luises hatten die Princess Wohnung 1898 verlassen, um ihre Zimmer im zweiten Obergeschoss zu beziehen. Hier hatten bereits ab 1865 der spätere Wilhelm II. und sein Bruder Heinrich gewohnt. An der schlichten Einrichtung der Räume hatte sich seit den 1860er-Jahren kaum etwas geändert. Allerdings war der Wohnkomfort durch den Einbau von Bädern und Toiletten deutlich verbessert worden. Victoria Luise erinnert sich: »Wenn die Brüder älter wurden, kamen sie ‚hinauf' in die höhere Etage, zur männlichen Erziehung, die in den Händen von Erziehern lag. Dort war alles betont spartanisch: keine Teppiche, einfache Möbel. Ich weiß, wie unglücklich ich war, als mein Bruder Oskar, an dem ich besonders hing ›hinauf‹ kam. Ich stand an der Treppe, sah ihn in die höheren Regionen entschwinden und kämpfte mit den Tränen.«[58]

Die Wohnräume der Kaisersöhne lagen im nördlichen Teil des Corps de logis und damit genau über den Wohn- und Schlafzimmern des Kaiserpaares. Nur der Kronprinz war im südlichen Teil untergebracht. Ihm stand als Thronerbe eine aus zwei Räumen bestehende Suite zur Verfügung, die aus einem Wohn- und Schlafzimmer bestand und die er allein bewohnte (R. 361 und 362). Die vier jüngeren Brüder mussten sich je eine Suite teilen, nur der damals erst zehnjährige Kaisersohn Joachim wohnte und schlief in einem Raum (R. 315). Eitel Friedrich und Adalbert nutzten ein gemeinsames

Schlafzimmer sowie ein Wohnzimmer (R. 323 und 324). Die Prinzen August Wilhelm und Oskar teilten sich die nächste Suite (R. 317 und 319). Zwischen den beiden Appartements hatte der Militärgouverneur Graf Oskar von Platen-Hallermund (1865–1957) seine Wohnung (R. 320 und 321). Die Wohnung des Obergouverneurs Adolf von Deines (1845–1911), dem die Hauptverantwortung für die Erziehung der Prinzen übertragen war, lag im Commun I. Dort war auch ein Teil der Dienerschaft der Kaisersöhne untergebracht. Für gemeinschaftliche Begegnungen standen den sechs Prinzen ein eigener Salon (R. 316) sowie der Turn- und Spielsaal (R. 333) zur Verfügung. Im Inventarverzeichnis wird der Raum als »Turnsaal der kaiserlichen Prinzen« bezeichnet. Der 230 Quadratmeter große Saal war mit einem Turngerüst aus Kiefernholz ausgestattet, an der eine senkrechte und eine schrägen Leiter befestigt waren. Er enthielt des Weiteren eine Kletterstange, zwei Taue, zwei Reckstangen und einen Sprossenbaum, auf dem Fußboden lagen fünf Matratzen mit grauem Drellbezug.

Prinzessin Victoria Luise durfte nur an den Wochenenden ihre Brüder besuchen. »Das waren für mich die schönsten Stunden«, schreibt die Kaisertochter, »oben im Turnsaal kommandierte uns Oskar. Ich durfte mit einem kleinen Holzgewehr marschieren. Oskar brachte mir das Trommeln bei. Da war ich in meinem Element, ganz besonders, wenn ich, wie meine Brüder, den Schottenanzug trug und ihnen äußerlich ganz gleich war.«[59] Neben den Sportgeräten standen den Kindern zum Spielen ein Billardtisch mit dazu gehörigem Queueständer, acht Queues und fünf Billardbällen zur Verfügung.[60] Die Kinder nutzten den Saal in den 1890er-Jahren gelegentlich für kleine Theatervorstellungen, dafür war hier eine provisorische Bühne aufgebaut worden.[61]

Im südlichen Teil des Corps de logis, unmittelbar neben der Wohnung des Kronprinzen, lag das Speisezimmer (R. 358) der Kaisersöhne. Der Raum unterschied sich zwar nicht in seiner Größe von den Wohnräumen, aber in seiner reicheren Ausstattung. Nach einem Entwurf des Hofbaumeisters Franz Haeberlin von 1892 waren die Wände komplett mit Holz vertäfelt und grün

Kaiser Wilhelm II. mit seinen sechs Söhnen, Fotografie von Julius Cornelius Scharwächter, 1896
Die sechs Kaisersöhne bewohnten bis zur Vollendung des 14. Lebensjahres ihre Jugendzimmer in der zweiten Etage des Neuen Palais. V.l.: August Wilhelm, dahinter Oskar, Joachim, Eitel Friedrich, Adalbert, hinter Wilhelm II. Kronprinz Wilhelm.

gefasst worden.[62] Die Decke war stuckiert und mit goldgerahmten Spiegeln versehen. Ein 2,70 Meter hoher Buffetschrank aus Nussbaum »auf fünf gedrehten Füßen« war in die Mitte der nördlichen Wandvertäfelung eingelassen worden. Das Oberteil dieses Schrankes war reich mit Marketerien in Form von Blumen, Vögeln und einem Wappen versehen.[63] Zur Einrichtung des Raumes gehörten darüber hinaus zwei Speisetische, die bis zu einer Größe von 3,40 Meter verlängert werden konnten. Ähnlich dem Speisezimmer des Schlosses Babelsberg, war an der Wand ein umlaufendes Konsolbord angebracht, auf dem 85 Kelchgläser, Pokale, Zylindergläser, Humpen sowie Stein- und Glaskrüge standen, die teilweise aus dem 17. Jahrhundert stammten.[64] In diesem Raum nahmen die Kaisersöhne mit ihren jeweiligen

Dienstzimmer der Adjutanten, 1911/12 (Raum 170)
Das Dienstzimmer der Adjutanten lag im Unteren Fürstenquartier, in unmittelbarer Nachbarschaft des Vortragszimmers Wilhelms II. Die schlichte Möblierung war zweckmäßig und entsprach der Funktion des Raumes. Zum Schmuck der Südwand gehörte das Gemälde »Der Einzug des Papstes Clemens VIII. in Bologna, 1598« von Pauwels van Hilgert. Gegenüber hing das Bild »Ausritt des Prinzen Jacob Stuart von der Jagd« von Jacques van Schuppen.

Gouverneuren und militärischen Begleitern die Mahlzeiten ein. Das Kaiserpaar speiste allein oder mit seinem Gefolge im Apollosaal (R. 161). Nur wenn Wilhelm II. nicht im Neuen Palais anwesend war, nahm die Kaiserin hier gelegentlich gemeinsam mit ihren Söhnen das Essen ein. Besuchten hochgestellte Gäste den preußischen Hof, speisten die Kinder gemeinsam mit den Erwachsenen in repräsentativen Räumen wie dem Apollosaal (R. 161) oder der Marmorgalerie (R. 178).

Zum Speisesaal der Prinzen gehörte ein Ökonomieraum (R. 349), in dem das Essen vorbereitet wurde. Der mit einer »Kochmaschine« und einem Eisschrank ausgestattete Raum lag nur durch einen Flur getrennt gegenüber dem Speisezimmer.

Die Kaisersöhne bewohnten die Räume bis zur Vollendung ihres 14. Lebensjahres. Für die weitere schulische Ausbildung schlug Adolf von Deines einen Ortswechsel vor. Wilhelm II. nahm die Anregung auf und richtete fern ab von den Verpflichtungen des Berliner- und Potsdamer Hoflebens im Gartenhaus des Plöner Schlosses in Holstein eine Prinzenschule ein. Der älteste Kaisersohn Wilhelm verließ gemeinsam mit seinem Bruder Eitel Friedrich 1896 das Neue Palais. Im Laufe der nächsten zehn Jahre besuchten alle Prinzen die Schule in Plön, um dort ihr Abitur abzulegen.[65] Nur in den Ferien, zum Weihnachtsfest und den anschließenden Feierlichkeiten zum Jahreswechsel bewohnten die Prinzen noch ihre Jugendzimmer im Neuen Palais.

Die Hofämter im Neuen Palais – Flügeladjutanten und Hofdamen

Während der Anwesenheit des kaiserlichen Hofes in Potsdam arbeitete das Oberhofmarschallamt im Neuen Palais. Es unterhielt hier eine Außenstelle mit mehreren Büros. Seinen Hauptsitz hatte das Oberhofmarschallamt als Ressort des Ministeriums des königlichen Hauses in der Berliner Wilhelmstraße 73, dem späteren Reichspräsidentenpalais. In Potsdam lagen seine Räume in der ehemaligen Marquis d'Argens-Wohnung im Erdgeschoss des Theaterflügels sowie in der ersten und zweiten Etage des Kopfbaues von Commun I. Das Oberhofmarschallamt regelte die Verwaltungs- und Personalangelegenheiten des Kaisers. Es war für die Staatsbesuche, die Hoffestlichkeiten und das Hofzeremoniell verantwortlich. An seiner Spitze stand seit 1890 der Oberhof- und Hausmarschall Graf August zu Eulenburg. In dessen Ressort waren ein Hausmarschall und ein Hofmarschall für den reibungslosen Ablauf des Hoflebens verantwortlich.[66] Dem Büro des Grafen zu Eulenburg (R. 207) schloss sich seine Dienstwohnung an, zu der ein Schlafzimmer (R. 205) und ein Wohnzimmer (R. 201) gehörten. Im Vortragszimmer (R. 198) fanden tägliche Besprechungen mit dem Hausmarschall Freiherr Maximilian von Lyncker[67], dem Hofmarschall Graf Robert von Zedlitz-Trützschler[68] und ihren Mitarbeitern statt. Zu den langjährigen Angestellten zählten der Direktor Oberregierungsrat Fritz Rath, die Hofstaatssekretäre Adolf Waldmann und Hermann Weymann sowie der Geheime Hofrat Richard Buro.[69] Zu ihren Hauptaufgaben gehörte es, den reibungslosen Ablauf während der Staatsbesuche im Neuen Palais vorzubereiten. Sie organisierten, wann die Staatsgäste an der Hofstation Wildpark eintrafen, durch welche Mitglieder der kaiserlichen Familie die Gäste dort empfangen werden, wann sie im Neuen Palais eintrafen, in welchen Räumen das Souper und die Marschalltafel stattfanden und wie viele Personen daran teilnahmen.

Gegenüber des Oberhofmarschallamtes lagen, nur von dem kleinen Theaterhof getrennt, im eingeschossigen Seitenflügel die Wohnungen der Adjutantur des Kaisers (R. 218–226). Die Flügeladjutanten – diese Bezeichnungen führten nur Adjutanten, die bei regierenden Fürsten ihren Dienst absolvierten – gehörten zum militärischen Gefolge des Kaisers. Für Wilhelm II. taten acht Flügeladjutanten im Wechsel zu zweit ihren Dienst. Beide teilten sich den ersten und den zweiten Dienst miteinander. Den ersten Dienst übernahmen immer Generale. Sie begleiteten den Kaiser bei Wagenfahrten, der zweite Adjutant folgte im zweiten Wagen, »er hatte beim Aussteigen sofort an die linke Seite des Kaisers zu

treten. Dieser ging stets von beiden Adjutanten eingerahmt und überließ die Sicherheit unserer Wachsamkeit«, erinnert sich der ehemalige Flügeladjutant Prinz Heinrich von Schönburg-Waldenburg (1863–1945). Zu den Aufgaben der Adjutanten gehörte es außerdem, den Terminkalender des Monarchen zu führen. Sie legten die Reihenfolge der Vorträge des Reichskanzlers, der Kabinettschefs und der Minister fest, sie fertigten Entwürfe von Telegrammen an und erinnerten an bevorstehende Jubiläen. Außerdem führte der diensttuende Adjutant das Tagebuch, in dem der Tagesablauf detailliert notiert wurde.[70]

Da der Dienst immer an zwei oder drei Tagen in Folge geleistet wurde, stand ihnen eine Dienstwohnung im Neuen Palais zur Verfügung. Diese bestand aus je einem Schlafzimmer (R. 223 und 225), das zwischen den Schlafräumen gelegene Zimmer wurde von beiden Adjutanten als gemeinsamer Salon (R. 224) genutzt. Ihnen vorgesetzt war der Generaladjutant. Seit 1894 nahm Hans Georg von Plessen (1841–1929) diese Position ein, der gleichzeitig als Kommandant des kaiserlichen Hauptquartiers zum engsten Kreis um Wilhelm II. gehörte. Seine Dienstwohnung umfasste ein Wohn- und ein Schlafzimmer (R. 218 und 219).

Das Dienstzimmer der Adjutanten (R. 170, Abb. S. 79) lag nicht in diesem Seitenflügel, es befand sich im Unteren Fürstenquartier in unmittelbarer Nähe zum Vortragszimmer Wilhelms II. Beide Räume waren nur durch das Sterbezimmer Kaiser Friedrichs III. voneinander getrennt.

So wie die Adjutanten zum militärischen Gefolge des Kaisers gehörten, nahmen die Hofdamen als Mitglieder des Hofstaates der Kaiserin eine vergleichbare Position ein. Zum Gefolge der Kaiserin gehörten u.a. eine Oberhofmeisterin und drei Hofdamen. Die zumeist aus gräflichen oder freiherrlichen Familien stammenden Damen mussten verwitwet oder ledig sein, da sich ein Leben als Ehefrau und Mutter nicht mit dem Hofdienst vereinbaren ließ. Die Hofdamen waren mit besonderen Privilegien ausgestattet. In der Rangordnung des preußischen Hofes waren sie verheirateten Frauen gleichgestellt. Als Personal stand ihnen eine »Jungfer« zur Seite, zudem bekamen sie Pferd und Wagen zur freien Verfügung. Genau wie die Tätigkeiten der Adjutanten war der Dienst der Hofdamen dotiert. Als Oberhofmeisterin stand die verwitwete Gräfin Therese von Brockdorff (1846–1924) dem weiblichen Hofstaat mehr als 30 Jahre lang vor. Die Hofdamen begleiteten die Monarchin bei allen offiziellen und privaten Terminen sowie auf Reisen, sie übernahmen den Briefwechsel, leisteten ihr Gesellschaft. Die Hofdamen Gräfin Mathilde von Keller (1853–1945) und Claire von Gersdorff (1858–1927) zeichneten sich als verlässliche Konstante aus, sie traten 1881 in den Dienst und beendeten ihn erst nach der Revolution 1918 bzw. dem Tod der Kaiserin 1921. Im Jahr 1904 trat mit Gräfin Lita zu Rantzau (1879–1945) eine dritte und mit 25 Jahren wesentlich jüngere Hofdame in den Dienst. Die Wohnungen der Oberhofmeisterin und der Hofdamen lagen – vergleichbar mit den Adjutanten des Kaisers – ebenfalls in einem Seitenflügel, allerdings auf der entgegengesetzten, nördlichen Seite des Neuen Palais. Der eingeschossige Hofdamenflügel beherbergte drei Wohnungen. Die Zimmer waren kleiner als die Schlossräume im Corps de logis, ihre wandfeste Ausstattung war hingegen fast ebenso aufwendig gestaltet. In die Wände waren großflächige Gemälde eingelassen oder mit Stoff bespannt. Der Oberhofmeisterin stand als ranghöchstes Mitglied des Hofstaates der Kaiserin die Wohnung zu, die unmittelbar an das Corps de logis grenzte und deren Fenster an der Gartenseite lagen. Neben einem Schlafzimmer (R. 132) und einem Wohnzimmer (R. 131, Abb. S. 82) gehörte auch ein Arbeitszimmer (R. 128) zu ihrem Appartement. Claire von Gersdorff bewohnte die angrenzende Suite (R. 135 und 136), die das nördlichste Ende des Neuen Palais begrenzte. Mit der anschließenden Wohnung der Gräfin zu Rantzau (R. 119 und 120, Abb. S. 83) an der nordwestlichen Seite war der Raumbestand im Nordflügel erschöpft. Daher bewohnte Gräfin von Keller zwei Zimmer (R. 146 und 148) im nordwestlichen Kopfbau. Die Schlossräume gehörten im 18. Jahrhundert zur Wohnung des Prinzen Heinrich und seiner Ehefrau Wilhelmine. Wilhelm II. nutzte die

Sterbezimmer Kaiser Friedrichs III., 1911/12 (Raum 171)
In diesem Raum starb am 15. Juni 1888 Friedrich III. Der Vater Wilhelms II. war nach nur 99 Tagen Regierungszeit seiner schweren Krebserkrankung erlegen. Der Namenszug des Kaisers über dem Alkoven erinnert an dieses Ereignis. Als Schlafzimmer wurde dieser Raum anschließend nicht mehr genutzt. Gelegentlich fanden hier Hausgottesdienste statt.

Nächste Seite: Wohnzimmer der Oberhofmeisterin Gräfin Therese von Brockdorff, 1911/12 (Raum 131)
Das Wohnzimmer der Gräfin von Brockdorff lag im »Hofdamenflügel«, dem eingeschossigen nördlichen Seitenflügel. Seit dem 18. Jahrhundert waren hier die weiblichen Mitglieder des Hofstaates der Monarchin untergebracht. Diese Räume waren zwar kleiner als die Schlossräume, doch ihre wandfeste Ausstattung kann mit der kostbaren Ausstattung im Corps de logis durchaus konkurrieren. Die Wände des Wohnzimmers waren mit einer kostbaren Seidenbespannung versehen.

Wohnzimmer der Hofdame Gräfin Lita zu Rantzau, um 1905 (Raum 120)
Gräfin Lita zu Rantzau begann 1904 als dritte Hofdame ihren Dienst im Gefolge der Kaiserin. Die Damen nahmen in der Rangfolge des preußischen Hofes führende Plätze ein. Ihre Tätigkeit als Begleiterin der Kaiserin erforderte ihre ständige Anwesenheit am Hof. Daher stellte ihnen das Oberhofmarschallamt diese aus zwei Zimmern bestehende Suite zur Verfügung.

Wohnzimmer der Hofdame Gräfin Lita zu Rantzau, um 1905 (Raum 120)
Das Wohnzimmer der Gräfin zu Rantzau war der flächenmäßig größte Raum im Hofdamenflügel. Die geöffnete Flügeltür erlaubt einen Blick in das Schlafzimmer. Nach dem Ende der Monarchie 1918 wurden sämtliche Einrichtungsgegenstände an das frühere Königshaus abgegeben. Ein Brand im Jahr 1954 vernichtete die gesamte wandfeste Ausstattung dieser Hofdamenwohnung.

Die Rotseidene Kammer in den Oberen Roten Kammern, 1911/12 (Raum 246)
Das Wohnzimmer gehörte zu einer aus fünf Räumen bestehenden fürstlichen Gästewohnung. Hier logierten im Rahmen von Staatsbesuchen u. a. der Zar von Russland (1899/1910) sowie die Könige von Spanien (1905) und Schweden (1908). Die Einrichtung bestand aus einer Kombination von originalem Mobiliar des 18. Jahrhunderts und Neuanfertigungen im Stil des Neurokoko.

Suiten als Gästewohnungen. Er ließ die beiden aus elf Zimmern bestehenden Wohnungen verkleinern, in dem er die hinter den Schlafzimmern liegende Raumfolge für die Hofdamenwohnung abtrennte.

Die Wohnungen der fürstlichen Gäste

Obere Rote Kammern und Untere Rote Kammern

Mit dem Ausbau des Neuen Palais als kaiserliches Wohnschloss wurden bis 1896 neun Wohnungen für fürstliche Gäste geschaffen. Da der friderizianische Bau neben dem Berliner Schloss der wichtigste Wohnsitz Wilhelms II. war, gehörte es zu den kaiserlichen Pflichten, hier auch Staatsgäste zu empfangen und zu beherbergen. Zu diesem Zweck sind die bereits vorhandenen Appartements modernisiert worden, um die Gäste standesgemäß unterbringen zu können. Zeitgleich wurden durch Baumaßnahmen im zweiten Obergeschoss kleinere Suiten für die privaten Gäste des Kaiserpaares und das Gefolge der Staatsgäste geschaffen.

Entsprechend des Standards der internationalen Diplomatie logierten die regierenden Monarchen und die Thronfolger in den aufwendigsten Gästewohnungen. Im Neuen Palais kam den Unteren (R. 182–188) und den Oberen Rote Kammern (R. 244–250) diese Funktion zu. Die rote Seidendamastbespannung der Wände gab den großzügigen Gästewohnungen ihre Bezeichnung. Beide übereinanderliegenden Raumfolgen befinden sich im Corps de logis, dem Hauptbau des Schlosses. Die Gästewohnungen umfassten fünf Räume: ein Vorzimmer, ein Kabinett, zwei »Rothseidene Kammern«, wovon ein Raum als Schlafzimmer diente, sowie ein Schreibkabinett. Die Schlafzimmer wurden 1891 mit neuen sanitären Anlagen ausgestattet, sodass sie den Standards moderner Hotelbauten entsprachen. Zwei Zeichnungen[71] des Hofbaurates Franz Haeberlin, von denen eine mit August 1891 datiert ist, zeigen den Einbau eines Badezimmers, einer Bettnische sowie einer Toilette im südlichen Kabinett (R. 188) der Unteren Roten Kammern. Künftig

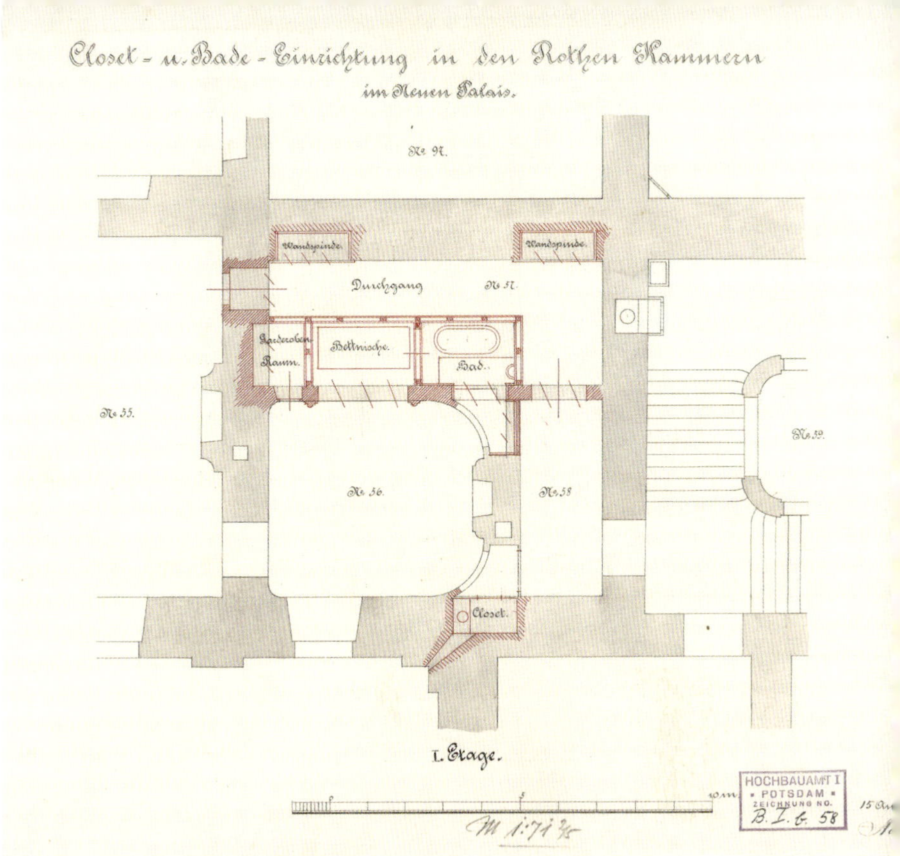

Entwurfszeichnung für den Einbau von sanitären Anlagen, Zeichnung von Franz Haeberlin, 1891
Das letzte Zimmer der Unteren Roten Kammern (Raum 188) wurde im Zuge der Modernisierungen aller Gästewohnungen mit sanitären Anlagen ausgestattet. Künftig sollte hier ein Mitglied des Hofstaates eines fürstlichen Gastes wohnen. Von den in der Zeichnung mit roter Feder hervorgehobenen Einzeichnungen ist lediglich das Bad umgesetzt worden. Auf die Bettnische und die Garderobe wurde hingegen verzichtet. Das »Closet« fand seinen Platz neben der Badewanne.

sollte in diesem Raum ein Mitglied des Hofstaates untergebracht werden, der zum Gefolge des fürstlichen Gastes gehörte. Die Einrichtung des Appartements bestand aus originalen Möbeln des 18. Jahrhunderts, die durch passende Neuanfertigungen im Stil des Neurokoko ergänzt wurden. Als Möbelkünstler zu nennen sind auch hier in erster Linie die in Paris geborenen deutschen Kunsttischler Emanuel Zwiener und sein Bruder Julius sowie der Potsdamer Hoftischler Franz Borchmann.[72] Alle drei hatten bereits für die Wohnung Wilhelms II. neues Mobiliar angefertigt. Interessant ist die Tatsache, dass das Oberhofmarschallamt auch für die Roten Kammern Einrichtungsgegenstände aus den vom Kaiser bevorzugten Werkstätten bestellte, um den wichtigsten fürstlichen Gästen die hohe Qualität deutscher Handwerkskunst vor Augen führen zu können. Die Einrichtung der Roten Kammern muss unter großem zeitlichen Druck erfolgt sein, da bereits im Frühjahr 1892 zwei gekrönte Häupter im Neuen Palais erwartet wurden. Am 30. Mai 1892 besuchte die zwölfjährige Königin Wilhelmina

Schlafzimmer der »Fürstenwohnung nach dem Sandhof«, 1911/12 (Raum 154)
Das Schlafzimmer gehörte zu einer aus drei Räumen bestehenden fürstlichen Gästewohnung. Die kleine Tür rechts neben dem Baldachinbett führte in das Badekabinett. Das Bildnis der Prinzessin Sophie in Preußen neben dem Kamin galt in der Kaiserzeit fälschlicherweise als Porträt der Prinzessin Wilhelmine von Hessen-Kassel, für die im 18. Jahrhundert dieses Appartement bestimmt war. 1831 wurde in diesem Zimmer der spätere Kaiser Friedrich III. geboren.

der Niederlande mit ihrer Mutter, der Regentin Emma[73], den Deutschen Kaiser im Rahmen eines Staatsbesuches. Entsprechend des Hofprotokolls logierte seit dem 18. Jahrhundert der im Range höhere Gast jeweils in den Unteren Roten Kammern. Bei den niederländischen Gästen fiel Wilhelmina als Königin dieser Rang zu. Nur vier Wochen später wohnten der italienische König Umberto I. und seine Gemahlin Margaritha[74] vom 20. bis 24. Juni 1892 ebenfalls in den Roten Kammern. Im September desselben Jahres teilte der Oberhofmarschall Graf zu Eulenburg dem Kaiser mit, dass »die ausgeführten Arbeiten zur würdigen Herrichtung« der Roten Kammern die Summe in Höhe von 45.917,52 Mark erfordert haben. Für den Ausbau von Bade- und Toilettenräumen mussten nochmals 9.447,60 Mark aufgebracht werden.[75] Als Abschluss der Neueinrichtung erhielt das nördliche Schlafzimmer der Unteren Roten Kammern (R. 184) im Jahr 1893 als Wandschmuck fünf »Petersburger Gobelins« aus der Serie »Porte de Fleurs«.[76]

Die Fürstenwohnungen

Im Erdgeschoss des nordwestlichen Schlossflügels, der den Ehrenhof begrenzt, lagen zwei weitere fürstliche Gästewohnungen. Im 18. Jahrhundert logierten hier Prinz Heinrich von Preußen und seine Gemahlin Prinzessin Wilhelmine von Hessen-Kassel. Als das Neue Palais ab 1859 von Friedrich Wilhelm und Victoria bewohnt wurde, sind die Räume der Heinrich-Wohnung bereits als Gästeappartements genutzt worden. Wilhelm II. knüpfte an diese Tradition an. Die Wohnungen trugen die Bezeichnung »Fürstenwohnung nach dem Sandhof« (R. 153–157) und »Fürstenwohnung nach dem Nordhof« (R. 139–144). Die Appartements umfassten je drei Räume: ein Vorzimmer, ein Kabinett und ein Schlafzimmer. Die Wände der Schlafzimmer waren mit einem sogenannten »Chinesenstoff«, einem broschierten Atlas, dekoriert. Die textile Bespannung der Wände, die Fenster- und Alkovenvorhänge, die Bekleidung der Prunkbetten und die Bezüge der Sitzmöbel gehörten bis kurz vor Beginn des Ersten Weltkrieges zur Erstausstattung der beiden Schlafzimmer. Im Jahr 1912 ließ Wilhelm II. den Stoff im französischen Lyon originalgetreu kopieren.[77]

Die beiden Appartements wurden wie die Roten Kammern seit dem 18. Jahrhundert durchgehend als Gästewohnungen genutzt. Durch die kostbare Ausstattung der Wand- und Deckendekoration und den originalen Baldachinbetten war sie Mitgliedern der europäischen Fürstenhäuser vorbehalten. Eine Besonderheit gab es allerdings bei der Einquartierung: Da sich die Zimmer in unmittelbarer Nähe der Wohnungen des Kaiserpaares befanden, logierten in den Fürstenwohnungen nur Gäste, die mit dem Haus Hohenzollern verwandt waren. Hinzu kam, dass das sogenannte »Kaiserinnentreppenhaus«, das in die Wohnung Auguste Victorias führte, von Besuchern benutzt werden musste.

Eine Tradition besonderer Art hatte sich kurz nach der Jahrhundertwende etabliert. Spätestens seit der Verlobung des Kronprinzen Wilhelm mit Herzogin Cecilie zu Mecklenburg im Jahr 1904 hatte die »Fürstenwohnung nach dem Sandhof« den Charakter einer Brautwohnung erhalten. Bei ihrem ersten Besuch am Kaiserhof logierten die Bräute der Preußenprinzen[78] nun jeweils für etwa eine Woche in dieser Gästewohnung.

Die Frequentierung der Appartements war ausgesprochen hoch. Aufgrund der südwestlichen Ausrichtung der zum Ehrenhof liegenden Räume war die »Fürstenwohnung nach dem Sandhof« den Damen vorbehalten. In der nach Norden ausgerichteten Fürstenwohnung nach dem Nordhof wohnten die Herren. Gelegentlich kam es vor, dass ein Gast am Morgen abgereist war und am Nachmittag eine Neubelegung erfolgte. Die Mutter der Kaiserin, Herzogin Adelheid zu Schleswig-Holstein-Sonderburg-Augustenburg, war regelmäßig zu Gast, ebenso häufig kam die Schwester Auguste Victorias, Herzogin Karoline Mathilde, zu privaten Besuchen ins Neue Palais. Kronprinz Gustav von Schweden, der durch seine badische Ehefrau Victoria mit dem Haus Hohenzollern verwandt war,[79] machte auf der Durchreise von Stockholm nach Karlsruhe gelegentlich Station in Potsdam. Sophie, die als jüngere

Schwester Wilhelms II. im Neuen Palais aufgewachsen war, kam nach ihrer 1889 erfolgten Eheschließung mit dem griechischen Kronprinzen Konstantin regelmäßig mit ihren Kindern nach Potsdam und stieg in der »Fürstenwohnung nach dem Sandhof« ab.

Die Gästewohnung »König Friedrich Wilhelms III.«

Die Wohnung »König Friedrich Wilhelms III.« (R. 237–240) lag im südlichen Teil des ersten Obergeschosses. Im 18. Jahrhundert logierte hier der Prinz von Preußen (späterer König Friedrich Wilhelm II.). Dessen Sohn, König Friedrich Wilhelm III., nutze diese Suite ab 1797 als Absteigequartier bei Besuchen des Schlosstheaters oder bei Teilnahme an Festlichkeiten im Neuen Palais. Daher trug die Suite die Bezeichnung »König Friedrich Wilhelm III.« Die Wohnung umfasste vier Räume: ein Vorzimmer (R. 237), ein Schlafzimmer (R. 238), ein Wohnzimmer (R. 239) und einen Salon (R. 240). Im Schlafzimmer dieser Gästewohnung befindet sich die Badewanne ungewöhnlicher Weise in einem eindrucksvollen barocken Dielenschrank.[80] Im Vergleich zu allen anderen Gästewohnungen wurde dieses Appartement jedoch wenig genutzt. Gelegentlich wohnten deutsche Fürsten, wie Fürst Leopold von Hohenzollern (1904) und Prinz Eduard von Anhalt (1910), in diesen Räumen. Auch hochrangiges militärisches Gefolge logierte hier. Als der russische Zar Nikolaus II. im November 1910 für eine Nacht im Neuen Palais wohnte, wurde seinem Generaladjutanten Déduline die Wohnung »König Friedrich Wilhelms III.« als Quartier überlassen.

Eckwohnungen I und II – Gobelinwohnungen I und II

In der zweiten Etage, über der »Wohnung Friedrich Wilhelms III.«, ließ Wilhelm II. nach 1888 vier weitere Gästewohnungen neu ausbauen. Durch die Anwesenheit der kaiserlichen Familie im Neuen Palais mussten für Familienbesuche kleinere Appartements bereitgehalten werden. Des Weiteren sollten hier Mitglieder der Hofstaaten von Staatsgästen wohnen. Das Gefolge war in den ersten Jahren nach dem Regierungsantritt Wilhelms II. noch im Potsdamer Stadtschloss untergebracht worden, was bei jedem Besuch hohe Kosten verursachte. Bereits im 18. Jahrhundert lagen in dieser Etage einfach eingerichtete Gästewohnungen. Zur Ausstattung gehörten gedruckte, teilweise gemalte Leinen- oder Seidentapeten, die nach 1860 unter Kronprinz Friedrich Wilhelm (dem späteren Kaiser Friedrich III.) erneuert worden waren.[81]

Die Bezeichnung Eckwohnung geht auf die Lage einer der beiden Suiten an der südwestlichen Ecke der Gartenseite des Neuen Palais zurück. Beide Wohnungen wurden von einem gemeinsamen Vorzimmer (R. 379) aus betreten. Die Eckwohnung I umfasste drei Räume: den Salon (R. 380), das Schlafzimmer (R. 381) und das Toilettezimmer (R. 382). Zur Eckwohnung II gehörten zwei Zimmer: das Schlafzimmer (R. 374) und der Salon (R. 378). Beide Wohnungen entstanden 1890/91 nach Entwürfen des Hofbaurates Franz Haeberlin.[82] Die Zimmer im Stil des Neurokoko waren überaus reich gestaltet. Die Decken hatten vergoldete Stuckornamente erhalten, die Wände der Wohn- und Schlafräume waren mit einem bedruckten Baumwollgewebe einer sogenannten »Cretonne« bespannt. Der Salon der Eckwohnung I (R. 380) war, als größter Raum der beiden Gästeappartements, mit einem einfarbigen »blasblauen Seidenstoff« als Wandschmuck ausgestattet worden.[83] Eine im November 1890 datierte Auflistung des benötigten Stoffs für die Wandbespannungen der Eckwohnungen nennt eine Stoffmenge von 470 Metern, zuzüglich 160 Meter für die Vorhänge und 97 Meter für die Möbelbezüge.[84] Die Wohnungen verfügten über die modernsten sanitären Anlagen, wie Baderäume und Toiletten.

Beide Wohnungen wurden vor allem von den Geschwistern Wilhelms II. bewohnt. In erster Linie waren dies der Bruder des Kaisers, Prinz Heinrich von Preußen, und seine Ehefrau, Prinzessin Irene von Hessen und bei Rhein. Prinz Heinrich musste als Bruder, und bis zur Großjährigkeit des Kronprinzen ranghöchster erwachsener Prinz des königlichen Hauses, zahlreiche Reprä-

Wohnzimmer der »Wohnung König Friedrich Wilhelms III.«, 1911/12 (Raum 240)
Das überlebensgroße Gemälde des Prinzen Heinrich von Preußen von Anna Dorothea Therbusch gab dem Raum seinen Namen: Prinz-Heinrich-Salon. Flankiert wurde das Bild von zwei Lundberg-Porträts der Königin Luise Ulrike von Schweden und ihres Mannes Adolf Friedrich. Das Wohnzimmer war Teil einer fürstlichen Gästewohnung im ersten Obergeschoss des südlichen Schlossflügels. Die halb geöffnete Flügeltür ermöglicht einen Blick in die Obere Galerie.

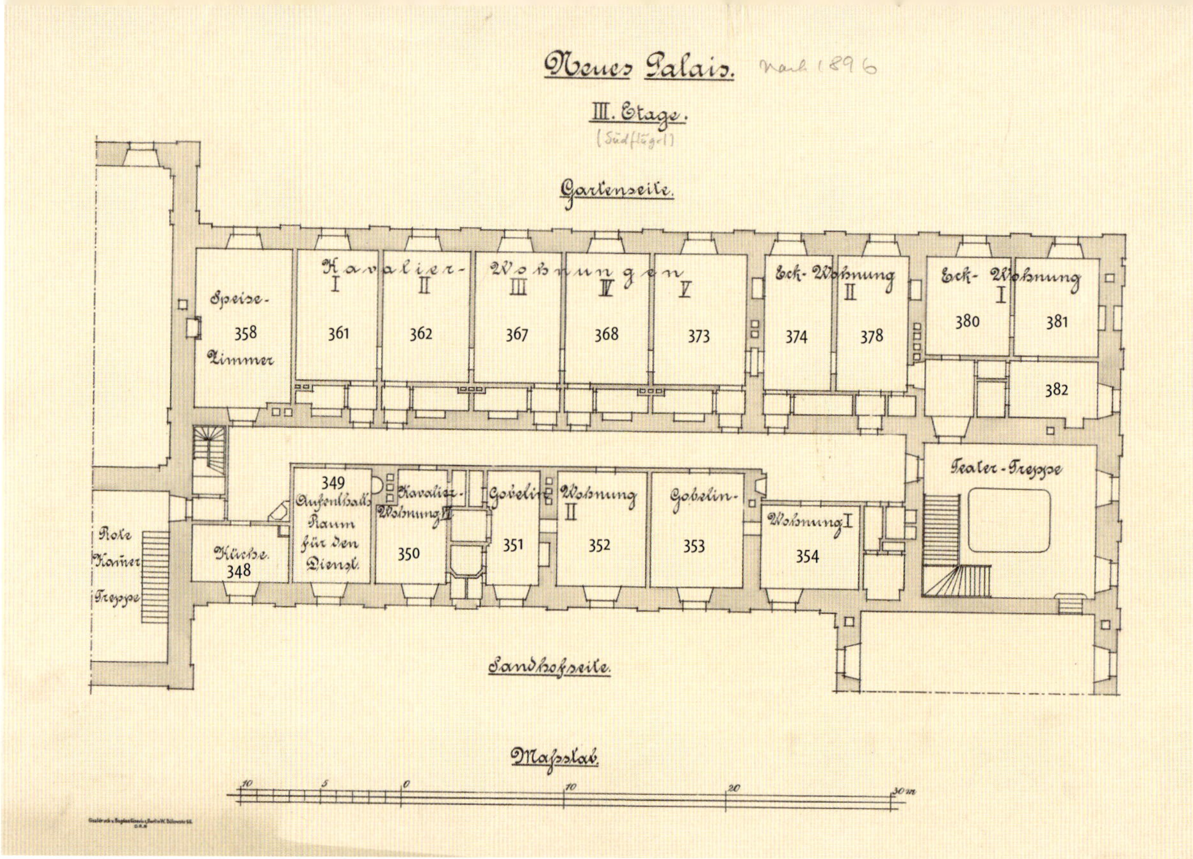

Grundriss der Gästewohnungen im nördlichen Flügel der zweiten Etage, um 1896
Mit den Eckwohnungen I und II und den Gobelinwohnungen I und II waren bis 1896 vier Gästewohnungen entstanden. Nach 1918 wurden zwar die textilen Wandbespannungen entfernt, die übrigen Dekorationen an den Wänden und Decken im Stil des Neurokoko sind jedoch bis heute erhalten geblieben. Bei den Suiten handelt es sich um die einzigen völlig neuen Raumschöpfungen Wilhelms II. im Neuen Palais.

sentationspflichten am preußischen Hof wahrnehmen und wohnte daher regelmäßig im Neuen Palais. Die aus drei Zimmern bestehende Eckwohnung I wurde von Heinrich bewohnt, während seine Ehefrau in der Eckwohnung II logierte.

In direkter Nähe der Eckwohnungen ließ Wilhelm II. zwei weitere fürstliche Wohnungen mit der Bezeichnung Gobelinwohnung I und II einbauen. Der Name geht auf die textile Bespannung im Salon der ersten dieser Wohnungen (R. 353) zurück. Die Suiten umfassen jeweils zwei Räume. Zur Gobelinwohnung I gehörte ein Salon (R. 353) und ein Schlafzimmer (R. 354). Die Gobelinwohnung II war ebenfalls mit einem Salon (R. 352) und einem Schlafzimmer (R. 351) ausgestattet. Die Gestaltung der Appartements im Neurokokostil lag, wie bei den Eckwohnungen, in den Händen des Hofarchitekten Franz Haeberlin. Alle Zimmer hatten eine reiche, wandfeste Ausstattung erhalten. Im Salon der Gobelinwohnung I schmückten zwei Tapisserien, »Figurenreiche Landschaften mit Opferfesten«[85], den Raum. Im Schlafzimmer dieser Wohnung waren die Wände mit einer englischen Cretonne mit dem Muster »cremefarbener Grund mit Blumenranken«[86] bespannt. Zur Gestaltung der Suiten gehörte neben aufwendigen Wandschnitzereien auch vergoldeter Deckenstuck. Die Wände des Salons der zweiten Gobelinwohnung (R. 352) waren mit einfarbigem »gelbseidenen Stoff bespannt« und durch Pilaster in acht Felder geteilt. Die durch die Holzvertäfelung abgerundeten Raumecken waren mit vergoldeten Schnitzereien dekoriert. Das daran anschließende Schlafzimmer (R. 351) war nach dem Vorbild des 18. Jahrhunderts mit einem Alkoven versehen worden, in dem das Bett Platz gefunden hatte. Neben der Bettnische lag der Zugang zum Bad und der Toilette, während auf der anderen Seite des Alkovens ein begehbarer Garderobenschrank eingebaut worden war. Der Einbau des Alkovens in die vorhandene Raumstruktur gab dem Raum einen recht gedrungenen Charakter, wenngleich die Wand zum Salon wiederum überaus kostbar mit zwei Spiegeln und vier Gemälden[87] des preußischen Hofmalers von Antoines Pesne (1683–1757) versehen wurde. Die bauliche Einrichtung der fürstlichen Gästewohnungen konnte immer nur während der Abwesenheit der kaiserlichen Familie in den Monaten Januar bis April durchgeführt werden. Daher zog sich die Fertigstellung der beiden Wohnungen über sieben Jahre hin und konnte erst 1896 abgeschlossen werden.[88] Bis auf den Verlust der textilen Bespannung und die in die Raumhülle eingelassenen Gemälde sind die Wohnungen noch heute mit ihrer reichen wandfesten Ausstattung erhalten.

Die Gobelinwohnungen wurden von den Geschwistern des Kaiserpaares und vom Gefolge der Staatsgäste bewohnt. Herzog Ernst Günther zu Schleswig-Holstein, der Bruder der Kaiserin, bewohnte während seines Aufenthaltes im Neuen Palais 1897 die Gobelinwohnung II. Das Erbprinzenpaar von Sachsen-Meiningen bewohnte 1903 beide Gobelinwohnungen. Erbprinzessin Charlotte, die älteste Schwester Wilhelms II., und ihr Gemahl waren an den Deutschen Kaiserhof gereist, um an der Einsegnung der Prinzen August Wilhelm und Oskar in der Friedenskirche im Park Sanssouci und der anschließenden Enthüllung des Denkmals Kaiser Friedrichs III. vor dem Kaiser-Friedrich-Museum (heutiges Bode-Museum) in Berlin teilzunehmen.[89] Als das Neue Palais 1910 Schauplatz der Hochzeit von Prinz Friedrich Wilhelm von Preußen (1880–1925) und Prinzessin Agathe von Ratibor (1888–1960) war, wohnte der Vater der Braut, Herzog Victor II. von Ratibor (1847–1923), in der Gobelinwohnung II, während die jüngste Schwester der Braut, Prinzessin Margarete (1894–1973), die Gobelinwohnung I bewohnte.[90] Im November 1910 hielt sich das schwedische Kronprinzenpaar zu einem privaten Besuch im Neuen Palais auf. Diesmal logierten der Hofmarschall des Kronprinzen Gustav und die Hofdame der Kronprinzessin Margarete in den Gobelinwohnungen.[91]

Nach dem Abschluss der Baumaßnahmen zur Fertigstellung der Gästewohnungen wurden die Zimmer der Kaisersöhne, die sich ebenfalls auf dieser Etage befanden, zu sechs »Kavalierwohnungen« (R. 350, 361–373) umgewidmet. Die Kaisersöhne hatten ab 1896 in mehreren Etappen das Neue Palais verlassen, um im holsteinischen Plön ihre schulische Ausbildung fortzusetzen. Seit dieser Zeit konnten die Herren des militärischen Gefolges der Gäste in den ehemaligen Jugendzimmern der Kaisersöhne logieren. Spätestens jetzt änderte sich auch die Nutzung des Speisezimmers der Prinzen (R. 358); von nun an nahmen die in dieser Etage wohnenden fürstlichen Gäste hier ihre Mahlzeiten ein.

Europas Herrscherhäuser zu Gast im Neuen Palais

Im Laufe seiner 30-jährigen Regierungszeit empfing Wilhelm II. als Staatsoberhaupt im Neuen Palais zahlreiche fürstliche Gäste. Gekrönte Häupter und Thronfolger der europäischen Dynastien sowie deutsche Bundesfürsten absolvierten ihre Antrittsbesuche, nachgeborene Prinzen machten dem Kaiser ihre Aufwartung und Familienmitglieder besuchten das Kaiserpaar im Rahmen von Privatbesuchen.

Besuch des russischen Zaren Nikolaus II. in Potsdam, Aufnahme von Wilhelm Niederastroth, 4. November 1910
Die offene Kutsche mit Zar Nikolaus II. und Wilhelm II. (r.) passierte auf ihrem Weg von der Hofstation Wildpark zum Neuen Palais das prunkvolle, schmiedeeiserne Tor an der Victoriastraße (heute Geschwister-Scholl-Straße). Der Zar machte nur für eine Nacht Station am deutschen Kaiserhof. Höhepunkt des Aufenthalts war eine Hofjagd in Oranienburg. Bereits am nächsten Tag begab sich Nikolaus II. zu einem längeren Aufenthalt ins hessische Bad Nauheim, wo seine Ehefrau zur Kur weilte.

Staatsbesuch des italienischen Königs Viktor Emanuel III., unbekannter Fotograf, 27. August 1902
Kaiser Wilhelm II. schreitet gemeinsam mit dem italienischen König Viktor Emanuel III. die Front der Ehrenkompanie des 1. Garde Regiments zu Fuß ab. Die Ehrbezeugung auf der Gartenterrasse des Neuen Palais war traditionell der erste Programmpunkt eines solchen Besuches. Im Anschluss betraten beide Monarchen durch die bereits geöffnete Fenstertür den Grottensaal (im Bild rechts), um die Kaiserin und die Prinzessinnen zu begrüßen.

In den ersten vier Jahren nach seinem Regierungsantritt empfing der Kaiser die Staatsgäste in seinem Wohnsitz. Sie logierten aber nicht im Neuen Palais, sondern im Potsdamer Stadtschloss. Erst nachdem die Gästewohnungen moderne sanitäre Anlagen erhalten hatten, änderte sich dies. Die niederländische Königin Wilhelmina war 1892 der erste Staatsgast, der in den Roten Kammern des Neuen Palais wohnte. Hier logierten in den folgenden Jahren auch König Umberto I. von Italien (1892), König Albert von Sachsen (1894), König Karl von Portugal (1895), Zar Nikolaus II. von Russland (1899/1910), Fürst Albert I. von Monaco (1901), König Eduard VII. von Großbritannien (1901), König Viktor Emanuel III. von Italien (1902), König Georg von Sachsen (1902), König Alfons XIII. von Spanien (1905), König Georg I. von Griechenland (1905), König Gustav V. von Schweden (1908), König Konstantin I. von Griechenland (1913), König Håkon VII. von Norwegen (1906), Albert I. König der Belgier (1910/1913) und Zar Ferdinand I. von Bulgarien (1912).[92]

Ein fester Bestandteil der Staatsbesuche war das Galadiner, das Wilhelm II. zu Ehren seines Gastes am ersten oder zweiten Abend des Besuches in der Marmorgalerie (R. 178) oder dem Marmorsaal (R. 256) gab. An diesem Festessen nahmen außer den gekrönten Häuptern die Familienmitglieder, der Reichskanzler, die Minister, die Obersten Hofchargen sowie die Spitzen des Hofstaates teil. Bei aufwendigen Diners und der Vielzahl der eingeladenen Gäste musste die Hofküche durch zusätzliches Personal unterstützt werden. Als im Mai 1892 die niederländische Königin Wilhelmina mit ihrer Mutter Emma im Neuen Palais für drei Tage zu Gast war, wurden zusätzlich drei Soldaten vom Lehr-Infanterie-Bataillon als Küchenarbeiter angestellt. Für die Zubereitung des Familiensoupers am Ankunftstag der Gäste wurden elf Soldaten zum Tragen der Speisen benötigt und für das Reinigen des Silbers aus dem Stadtschloss Potsdam sieben Silberdiener in das Neue Palais beordert. Als am Abend des 31. Mai im Marmorsaal das Galadiner für 160 Personen stattfand, waren bereits seit den frühen

Zar Ferdinand I. von Bulgarien besucht den deutschen Kaiser, unbekannter Fotograf, 7. Juni 1912
Ferdinand I. und Wilhelm II. beobachten von der Terrasse aus den Vorbeimarsch des 1. Garde Regiments zu Fuß (nicht im Bild). Neben dem Zaren steht der Kommandeur des 1. Garde Regiments zu Fuß, Friedrich von Friedeburg (mit der Grenadiermütze). Rechts vom Kaiser verfolgt Alfred von Löwenfeld, Kommandierender General des Garde-Korps, die Parade. In der geöffneten Tür des Grottensaals ist Zarin Eleonore zu erkennen. Der Besuch der Bulgaren gehörte zu den letzten Staatsbesuchen im Neuen Palais vor Ausbruch des Ersten Weltkrieges.

Morgenstunden zehn Mann in der Silberkammer und 15 Mann für die Schlossverwaltung tätig. Die Hofdienerschaft wurde am Nachmittag durch acht Kellereidiener verstärkt. Schließlich wurden für den frühen Abend noch zwei Unteroffiziere und 40 Soldaten zum Tragen von Speisen verpflichtet. Am letzten Tag des Besuches nahmen die niederländischen Gäste an der Frühjahrsparade im Potsdamer Lustgarten teil. Für die anschließende »Paradetafel« im Neuen Palais mussten nochmals für den ganzen Tag 15 Mann für die Schlossverwaltung und zehn Mann für die Silberkammer als Tagelöhner beschäftigt werden. Ab 9 Uhr wurde die Kellerei durch zehn Hofdiener verstärkt. Als in den Mittagsstunden das aufwendige Menü serviert wurde, unterstützten weitere 60 Soldaten des Lehr-Infanterie-Bataillons die anstrengende Küchenarbeit.[93]

Die Staatsbesuche verliefen nach dem vom Hofprotokoll festgelegten Zeremoniell. Am Beispiel des Besuches des italienischen Königs Umbertos I., der vom 20. bis zum 24. Juni 1892 zu Gast im Neuen Palais war, soll der Ablauf dargestellt werden. Die Ankunft der italienischen Gäste erfolgte am 20. Juni um 6 Uhr abends mit dem Zug auf der Hofstation Wildpark. Wilhelm II. empfing gemeinsam mit seiner Ehefrau das Königspaar am Bahnhof. Die in Potsdam und Berlin wohnenden Prinzen und Prinzessinnen des königlichen Hauses sowie die im Gardekorps stehenden Prinzen aus deutschen Fürstenhäusern wurden vom Oberhofmarschallamt aufgefordert, dem Empfang beizuwohnen. Das Garde-Jäger-Bataillon stellte am Bahnsteig eine Ehrenkompanie. Die Wagenfahrt entlang der etwa einen Kilometer langen Strecke wurde von einer Eskorte vom Regiment der Garde du Corps begleitet. Der Weg führte vom Bahnhof über die Avenue zur Gartenseite des Neuen Palais, das dortige Spalier bildeten Truppen der Potsdamer Garnison. Nach dem Abschreiten der Ehrenformation des 1. Garde Regiments zu Fuß, betraten die Gäste durch die Mitteltür den Grottensaal des Neuen Palais. Um 20 Uhr folgte ein Familiendiner für 17 Personen im Prinz-Heinrich-Salon (R. 240). Zur Marschalltafel für 42 Mitglieder versammelte sich das Gefolge im Schildersaal (R. 254). Am 21. Juni fand um 10 Uhr unter Teilnahme des italienischen Königs eine Parade der Potsdamer Garnison im Lustgarten statt. Das anschließende Paradediner wurde im Stadtschloss eingenommen. Am Abend desselben Tages um 8 Uhr gab Wilhelm II. zu Ehren des italienischen Königpaares im Marmorsaal des Neuen Palais eine Galatafel für 162 Personen, die Tische waren dafür in Form eines Hufeisens aufgestellt worden. An der Haupttafel vor der Fensterseite hatte in der Mitte Wilhelm II. Platz genommen, ihm zur Linken saß die Königin von Italien, es folgten Auguste Victoria sowie der König von Italien. Ihnen gegenüber war der Platz des Reichskanzlers Graf Leo von Caprivi. Als Referenz an die Gäste hatten die Herren zu ihren Paradeuniformen italienische Orden angelegt. Viertel vor neun Uhr wurde auf der »Mopke« der große Zapfenstreich der Truppen des Gardekorps gegeben. Aus diesem Anlass waren die Communs und die Kolonnade mit Magnesiumfackeln festlich illuminiert worden. Am darauffolgenden Tag fuhren Wilhelm II. und Umberto I. nach Jüterbog, um einer Übung der Feld-Artillerie-Schießschule beizuwohnen. Nachdem Auguste Victoria und Margaritha um 13 Uhr das zweite Frühstück gemeinsam im Neuen Palais eingenommen hatten, fuhren beide Monarchinnen nach Berlin. Hier besuchten sie am Abend gemeinsam mit den aus Jüterbog zurückgekehrten Monarchen eine Galavorstellung in der Hofoper Unter den Linden. Die Rückfahrt mit dem Zug erfolgte Viertel vor elf nach Potsdam. Am 23. Juni begaben sich die Gäste von der Matrosenstation Kongsnæs auf die Pfaueninsel, wo um 13 Uhr das zweite Frühstück eingenommen wurde. Am Abend folgte ein Diner bei Prinz Friedrich Leopold in Jagdschloss Glienicke. Den Tag beschloss ein Konzert im Marmorsaal des Neuen Palais, zu dem 200 Personen der Potsdamer Hofgesellschaft eingeladen waren. Im Saal waren 13 Sitzreihen aufgestellt worden. In der ersten Reihe saßen das Kaiser- und das Königspaar in Polstersesseln, für die Familie und das Gefolge waren Stühle vorgesehen. Die anderen Gäste mussten das Konzert auf einfachen Bänken verfolgen. Das Programm der musikalischen Abendunterhaltung bestand aus zehn verschiedenen Musikstücken, dazu gehörten das Terzett aus »Cosi fan tutte« von Wolfgang Amadeus Mozart, die Arie aus »Judas Maccabäus« von Georg Friedrich Händel und die Ouvertüre »Die lustigen Weiber von Windsor« aus der Oper von Otto Nicolai. Mit dem Scherzo aus »Der Sommernachtstraum« von Felix Mendelsohn-Bartholdy wurde das Hofkonzert beschlossen. Am letzten Tag des offiziellen Besuches folgte ein gemeinsames Frühstück in der Marmorgalerie. Für 54 Personen waren sechs ovale Tische für je neun Personen eingedeckt worden.[94]

Der Sühneakt des Prinzen Tschun im Grottensaal

Das Neue Palais wurde im September 1901 Schauplatz eines politischen Machtspiels besonderer Art. Zu Beginn des Jahres 1900 war es durch die Boxerbewegung in China zu Attacken gegen Ausländer gekommen. Mehrere Monate hatten chinesische Kampfmilizen auch gegen Diplomaten und Missionare gewütet. Nachdem am 20. Juni 1900 der deutsche Gesandte Freiherr Clemens von Ketteler (1853–1900) ermordet worden war, rückten alliierte Mächte in China vor und schlugen den Aufstand blutig nieder. In den nun einsetzenden langwierigen Friedensverhandlungen wurde festgelegt, dass eine chinesische Sühnegesandtschaft nach Deutschland reisen müsse, um Abbitte zu leisten. Für diese Sühnemission wurde Prinz Tschun (1883–1951), ein Bruder des regierenden Kaisers, ausgewählt. Die Presse berichtete ausführlich über die Reise der Mission an den Kaiserhof nach Deutschland. Nach einer sechswöchigen Schifffahrt von Schanghai über Genua machte Prinz Tschun in Basel Station. Der Aufenthalt in der Schweiz dauerte länger als geplant, da zuvor schwierige diplomatische Einzelheiten geklärt werden mussten. In erste Linie ging es um protokollarische Fragen der Zeremonie, in dessen Mittelpunkt die »Kotau-Frage«[95] stand. Da Wilhelm II. in der Zwischenzeit von Berlin nach Potsdam übergesiedelt war, musste der zunächst für den 26. August 1901 im Rittersaal des

Berliner Schlosses geplante Sühneakt in das Neue Palais verlegt werden.[96] So wurde der Grottensaal zum Ort des demütigenden Aktes bestimmt. Da zur Ausstattung des Neuen Palais kein Thron gehörte, musste die königliche Insignie aus dem Weißen Saal des Berliner Schlosses nach Potsdam transportiert werden.[97] Der Sessel des Kaisers wurde auf einer dreistufigen Estrade positioniert, die im Mittelbogen der nördlichen Seite vor der Wand zum Tamerlanzimmer platziert war. Am Nachmittag des 3. September traf die chinesische Mission in Potsdam ein. Als Wohnort war ihnen das Orangerieschloss im Park Sanssouci zugewiesen worden.[98] Der Sühneakt fand am folgenden Tag statt. Die Route der Mission vom Orangerieschloss zum Neuen Palais wurde durch das Oberhofmarschallamt vorgegeben. Demnach hatte der Wagen des Prinzen nicht den kürzesten Weg durch den Park Sanssouci zu nehmen, sondern musste zu Beginn östlich um den Schlossgarten herumgeführt werden, vorbei an der Historische Mühle und dem Schloss Sanssouci. Die offizielle Fahrt der Sühne begann am Obelisken, es folgte eine Durchquerung des Parks Sanssouci entlang der mehr als zwei Kilometer langen Hauptallee. Dabei wurde beabsichtigt, dass sich der Eindruck für die chinesischen Gäste verstärkte, je näher sie auf die imposante Residenz des Deutschen Kaisers zufuhren. An der Gartenseite des Neuen Palais hatte die 2. Kompanie des Lehr-Infanterie-Bataillons Aufstellung genommen, die jedoch keinerlei Ehrenbezeugungen erwies, als der chinesische Gast vorfuhr. Der Prinz betrat das Schloss nicht durch eine Fenstertür des Grottensaals im Mittelrisalit, wie dies bei Staatsbesuchen sonst üblich war. Für ihn war das im südlichen Flügel des Neuen Palais liegende »Chinesische Zimmer« (R. 180, Abb. S. 69)[99] als Beginn des zeremoniellen Weges vorgeschrieben. Die Ausstattung des Raumes nahm Bezug auf das Heimatland des Gastes, denn das Vorzimmer zur Wohnung Friedrichs des Großen war mit zahlreichen Geschenken des chinesischen Kaisers Guangxu (1871–1908) ausgestattet. Prinz Tschun nahm nun den Weg durch das Chinesische Zimmer, die Blaue Kammer (R. 179) und musste schließlich die ge-

Die chinesische Sühnemission in Potsdam, Holzschnitt nach einer Zeichnung von William Pape, 4. September 1901
Prinz Tschun überreicht Wilhelm II. den Sühnebrief des chinesischen Kaisers im Grottensaal. Wilhelm II. sitzt auf dem Thron, der aus dem Berliner Schloss ins Neue Palais gebracht worden war, »und schaute mit finsterer Miene dem jugendlichen Prinzen entgegen«. Der demütigende Akt fand in Anwesenheit zahlreicher Minister sowie des Großen Hauptquartiers des Kaisers statt.

samte Länge der Marmorgalerie (R. 178) durchqueren, bis er den Grottensaal erreicht hatte. An den Flügeltüren waren im Wechsel je zwei Ehrenwachen vom Regiment der Garde du Corps und der Schloss-Garde-Kompanie positioniert.[100] Mit tiefen Verbeugungen betrat Prinz Tschun um 12.30 Uhr den Grottensaal und näherte sich durch das Spalier der Politiker und höchsten Würdenträger des kaiserlichen Hofes dem Thron. Erschienen waren der Finanzminister Georg von Rheinbaben, der Landwirtschaftsminister Victor von Podbielski, der Staatsekretär des Marineamts Alfred von Tirpitz sowie der Staatssekretär des Auswärtigen Amtes Oswald von Richthofen, die Chefs des Militär- und Marinekabinetts, das gesamte Große Hauptquartier des Kaisers mit den Generalen Hans Georg von Plessen und Hans von Kessel sowie die in Potsdam und Berlin anwesenden Generale. Der Kaiser saß in der Uniform der Garde du Corps mit Adlerhelm und dem Marschallstab in der Hand auf dem Thron »und schaute mit finsterer Miene dem jugendlichen Prinzen entgegen«. Mit langsamen Schritten nahte Prinz Tschun in Begleitung seines Dolmetschers Generalleutnant Yib-Tschang unter tiefem Verbeugen. In beiden Händen trug er das in gelbe Seide gebundene und mit dem goldenen Drachen bestickte Handschreiben des Kaisers von China. Der Prinz verlas »mit zwar leiser, aber vernehmlicher Stimme« seine Erklärung und überreicht dem Kaiser unter abermaligen tiefen Verbeugungen, die Stufen des Thrones emporsteigend, das Handschreiben seines Souveräns. Wilhelm II. nahm das Schreiben »huldvollst entgegen«[101]. Hierauf verlas der Kaiser die »Allerhöchste Erwiderung unter fester Betonung der markanten Stellen mit lauter Stimme«. Rückwärtsgehend und unter vierfacher Verbeugung verließ Prinz Tschun den Saal. Nach dem der Sühneakt getätigt war, trat der militärische Ehrendienst in Funktion und der Prinz wurde fortan entsprechend seinem Rang als Mitglied des chinesischen Kaiserhauses mit den ihm zustehenden Würden behandelt.[102] Als er aus dem Schloss herausgetreten war, präsentierte die Ehrenkompanie und der Präsentiermarsch erklang. Der Prinz schritt die Front der Kompanie ab. Bereits am Nachmittag um 14.30 Uhr stattete Wilhelm II. seinem Gast einen Höflichkeitsbesuch im Orangerieschloss ab. Die Beschreibungen des Besuches machen deutlich, wie formvollendet und würdig Prinz Tschun seine Pflicht erfüllte. Damit erwarb er sich im weiteren Verlauf des Besuches in Deutschland, der erst am 29. September zu Ende ging, allgemeine Sympathie. Nach der Rückkehr Wilhelms II. aus dem Orangerieschloss an jenem 4. September fuhr er zur Jagd. Sein Adjutant notierte: »3.30 Uhr fuhren Seine Majestät zur Pirsch in den Wildpark und erlegten drei Hirsche.«[103]

Bezug nehmend auf den Potsdamer Wohnort des Prinzen Tschun und als sichtbares Zeichen des Sühneaktes wurden im Herbst 1901 auf der Terrasse vor der Orangerie fünf historische astronomische Instrumente aus dem Besitz des Kaisers von China aufgestellt.[104] Diese waren zuvor von einem deutschen Expeditionscorps im Zuge der Niederschlagung des Boxeraufstandes geraubt worden.[105] Die astronomischen Instrumente waren bereits im Jahr 1669 vor dem Alten Observatorium in Peking aufgestellten worden, 1919 gelangten die Raubstücke in Erfüllung des Friedensvertrages von Versailles zurück nach China.

Das »Chinesisch-japanische Zimmer«, 1911/12 (Raum 180)
Die Überfülle an chinesischen und japanischen Porzellanen, Figuren aus Jade und Bronze, Bambusmöbeln sowie Seidenstoffen gab dem barocken Vorzimmer den Charakter eines Ausstellungsraumes. Die meisten der Stücke waren Geschenke des chinesischen Kaisers Guangxu und des Außenministers Li Hunag Chang an Wilhelm II. Einige Stücke hatte aber bereits sein Großvater Wilhelm I. zu seinem 90. Geburtstag am 22. März 1887 erhalten.

Neubauten für die wilhelminische Hofhaltung

Nachdem Wilhelm II. im Juni 1888 den Hohenzollernthron bestiegen hatte, waren im Schloss Friedrichskron (die Bezeichnung für das Neue Palais war bis Juli 1889 beibehalten worden)[106] und seiner Umgebung umfangreiche Bauarbeiten in Gang gesetzt worden. Das friderizianische Gästeschloss wurde in den folgenden Jahren mit zeitgemäßem Komfort ausgestattet, um den hohen Ansprüchen an den bevorzugten Wohnsitz des Deutschen Kaisers gerecht zu werden.

Im zweiten Regierungsjahr begannen die Arbeiten für einen unterirdischen Gang sowie die Planungen für eine neubarocke Gartenbalustrade und für ein neues Marstallgebäude südwestlich von Commun I. Gleich-

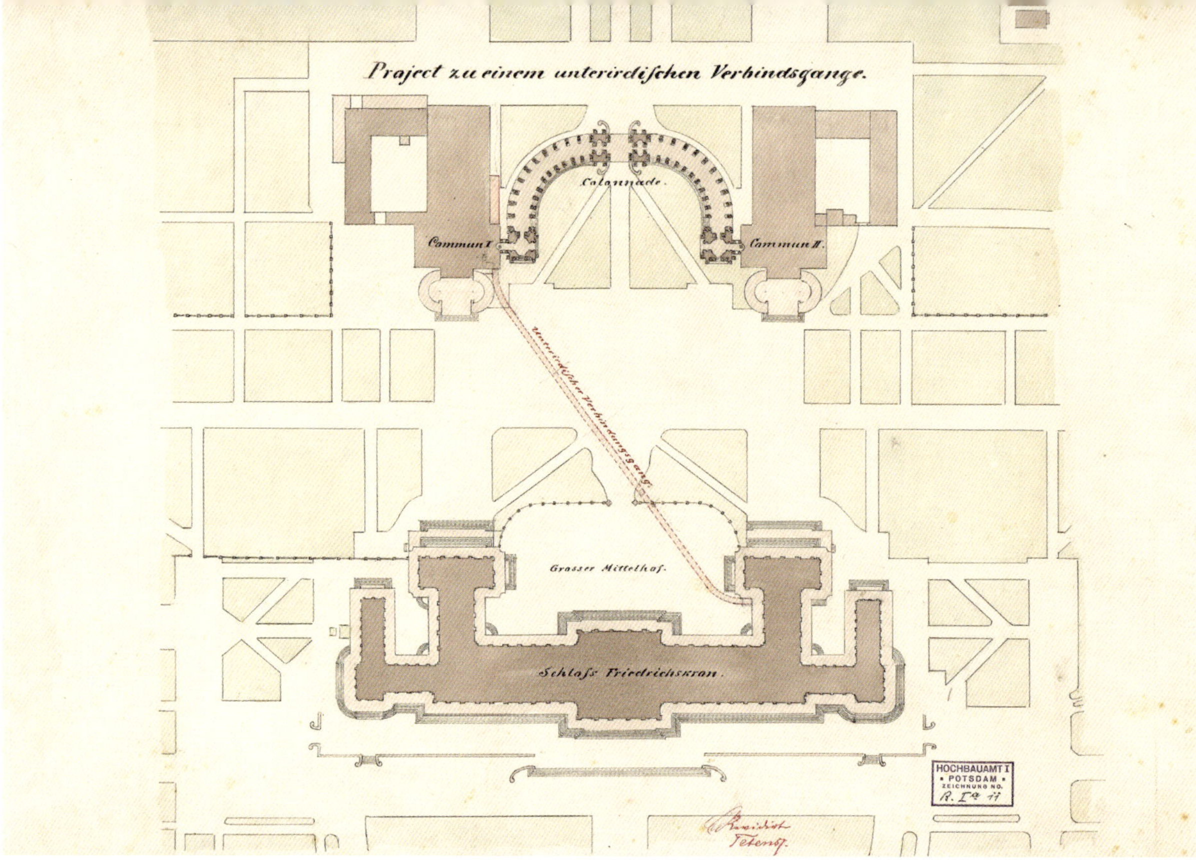

Situationsplan des Schlosses Friedrichskron und der Communs, Zeichnung von Franz Haeberlin, 10. Februar 1889
Deutlich sichtbar ist der diagonal über die Mopke verlaufende 300 Meter lange unterirdische Gang. Mithilfe des Tunnels wurden die Speisen und Getränke von der Hofküche im Commun I zum Neuen Palais transportiert. Durch den Bau des Ganges waren sämtliche Botengänge des Küchenpersonals unsichtbar geworden, sodass das Neue Palais auch in diesem Sinn dem Bild eines modernen Kaiserschlosses entsprach.

zeitig wurden in der zweiten Etage des Neuen Palais die Kinderzimmer für die Söhne Wilhelms II. mit Bädern und Toiletten ausgestattet. 1891 wurden die Roten Kammern beider Etagen mit sanitären Anlagen versehen, um hier ausländische Fürstlichkeiten bei Besuchen angemessen unterbringen zu können. 1893 konnte der Ausbau des Sockelgeschosses mit der Einrichtung von Räumen für das Dienstpersonal seiner Bestimmung übergeben werden. 1896 war die Herstellung von vier neubarocken Gästewohnungen im zweiten Stockwerk des Südflügels abgeschlossen, sodass hier künftig Mitglieder der Hohenzollernfamilie logieren konnten. Die in den 1880er-Jahren installierte Heizung wurde zu Beginn der 1890er-Jahre gegen eine leistungsfähigere Zentralheizung ausgetauscht. Das bereits in den 1860er-Jahren eingerichtete Telegraphenbüro im Nordtorgebäude wurde 1905 durch ein Postamt ergänzt. In den Jahren 1906 bis 1909 kam es zum Neubau der Hofstation Wildpark. Die Elektrifizierung des Neuen Palais erfolgte in mehreren Etappen von 1911 bis 1915.

Der unterirdische Gang

Mit den Planungen für den unterirdischen Gang zwischen dem Schloss und den Küchen im Gebäude des Commun I wurde unmittelbar nach dem Regierungsantritt Wilhelms II. begonnen. Der Architekt Franz Haeberlin fertigte im Februar 1889 mehrere Entwürfe für diesen Verbindungsgang an.[107] Der Tunnel verlief vom südlichen Commun quer unter der »Mopke« und dem Sandhof und endete im nördlichen Keller des Neuen Palais unter dem Anrichteraum (R. 160). Zum bequemen und schnellen Transport der Speisen und Getränke zwischen Küche und Anrichteraum sollte der Gang mit »elektrischen Wagen«[108] befahrbar sein. Die Planungen sahen die Anlage »einer zweigleisigen elektrischen Speisen-Transportmaschine«[109] vor. Bis 1889 waren die Speisen bei jeder Witterung auf Tragen und in Körben über die Höfe gebracht worden. Wilhelm II. kannte unterirdische Gänge aus anderen preußischen Schlössern. In seinem bisherigen Sommerwohnsitz, dem Marmorpalais im Neuen Garten, war ein ebensolcher Küchengang vorhanden. Der neu erbaute Tunnel hatte eine Länge von 300 Metern. Er war 1,97 Metern breit und mit 1,88 Meter[110] Höhe für Personen begehbar. Natürliches Licht erhielt er durch mehrere Oberlichter. Im Neuen Palais mündete der Gang in einem Flur direkt vor einem Anrichteraum. Bei großen Festlichkeiten fanden in der Marmorgalerie regelmäßig Galadiners statt, dann mussten die Speisen nochmals in einen etwa 100 Meter entfernt liegenden zweiten Anrichteraum gebracht werden, der sich unter dem Vestibül befand. Dieser Raum war mit zwei großen Anrichtetischen, einem Geschirrschrank, einem Fernsprechapparat und mehreren eisernen Wärmeschränken[111] ausgestattet. Mithilfe dieser Wärmeschränke aus Metall wurden die Teller und die Speisen vor dem Servieren warmgehalten. Dafür standen zwei Arten von Schränken zur Verfügung, die mit Kohle oder mit Stadtgas betrieben werden konnten.[112] Um die Speisen in die Marmorgalerie zu bringen, mussten die Lakaien vom Anrichteraum aus eine steile 14-stufige Holztreppe passieren. Dann gelangten sie in einen kleinen Flur, der in die Marmorgalerie führte. Der Einbau eines pneumatischen Türöffners im Jahr 1907 erleichterte dem Personal das ohnehin schwierige Jonglieren mit den großen Silberplatten.

Die Errichtung der Gartenbalustrade

Mit der Errichtung einer Balustrade mit Kandelabern war der Wunsch Wilhelms II. verbunden, die Gartenseite des Neuen Palais aufzuwerten und gleichzeitig in den Abendstunden wirkungsvoll zu beleuchten (Abb. S. 57). So entstanden 1889/90 verschiedene, teilweise in Eisen gegossene und in Sandstein ausgeführte Modelle nach Entwürfen des Grafikers Emil Doepler d. J. (1855–1922). Wilhelm II. beauftragte schließlich 1890 den Bildhauer Walter Schott (1861–1938) mit der Ausführung.[113] Der junge Kaiser hatte Schotts Arbeiten durch die Anfertigung einer Porträtbüste von ihm im Jahr 1885 schätzen gelernt. Das Skulpturenprogramm, das sechs Gruppen,

Wärmeschrank im Keller des Neuen Palais, 2016
Mit dem sechstürigen Wärmeschrank wurden die Teller und die Speisen bis zum Servieren warmgehalten. Der »eiserne Etagenofen« befindet sich im Anrichteraum des Kellers. Von dort führte eine steile Holztreppe hinauf in die Marmorgalerie, in der die großen Festessen stattfanden.

sechs Einzelfiguren, zwölf Trophäen, 18 Puttenfiguren und 20 Vasen umfasste, greift mit seiner neubarocken Gestaltung das Skulpturenprogramm des Parks Sanssouci des 18. Jahrhunderts in einfühlsamer Weise auf. Im April 1893 gab Graf zu Eulenburg bekannt, dass die ersten sechs Kandelaber in Sandstein ausgeführt und bereits aufgestellt worden seien. Für die in Eisen gegossenen Beleuchtungskörper bat der Chef des Oberhofmarschallamtes die Entscheidung zu treffen, mit welchem Beleuchtungsmittel die Laternen ausgestattet werden sollen. Dabei gab er zu bedenken, dass die Verwendung von Petroleum nicht mehr infrage komme. Bei der ersten Projektierung in Form von Ritterfiguren war noch eine geringere Größe vorgesehen. Nun würden sich die Laternen in einer Höhe von 5,80 Metern befinden und daher eines »sehr kräftig wirkendes Beleuchtungsmittel bedürfen«. Eulenburg schlug den Einsatz von Stadtgas vor, »bis etwa später eine elektrische Beleuchtung der Umgebung des Neuen Palais«[114] eingesetzt werden könne. Da das Stadtgas nicht die gewünschte Wirkung

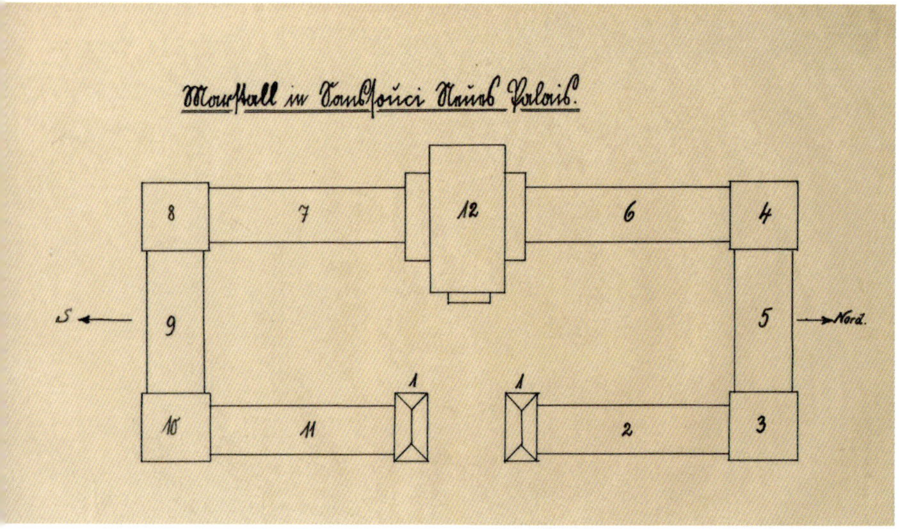

Grundriss vom Erdgeschoss des Marstalls, 1892
1 = Wagenmeister & Anmeldestube; 2 = Wagenremise mit 10 Einfahrten; 3 = Stallmeister und Leibstallmeister; 4 & 8 = Geschirrkammer und Futtergeräte; 5 = Wagenwaschraum und Stallung für 10 Pferde; 6 & 7 = Stallgebäude für je 24 Pferde, 9 = Stallgebäude für 14 Pferde; 10 = Küche und Speisezimmer; 11 = Autohalle; 12 = Reithalle.

erzielte, schlug Wilhelm II. im März 1896 den Einsatz von »Spiritusglühlicht« vor, das zuvor beim Ressort des Eisenbahn-Ministeriums erfolgreich erprobt worden war. Eulenburg war nun überzeugt, dass die Leuchtkraft »eine so intensive [ist], dass es unmöglich ist, die bisherigen Gaslaternen auf den Kandelabern zu belassen«[115].

Mit dem Skulpturenprogramm der Gartenbalustrade stellte Walter Schott eine besondere Verbindung zum Potsdamer Stadtschloss her, in dem Wilhelm II. als Thronfolger in den Wintermonaten gewohnt hatte. Die Auffahrtsrampe am Hauptrisalit der Gartenseite des Stadtschlosses schmückten ebenfalls Laternenträger, Werke des Bildhauers Georg Franz Ebenhech[116] (1710–1757).

Der Neue Marstall

Die Gartenbalustrade war noch nicht vollendet, als bereits mit einem weiteren Bauprojekt begonnen wurde. Westlich des Commun I entstand in den Jahren 1892 bis 1894 nach Plänen des Hofbaumeisters Franz Haeberlin der Neue Marstall.[117] Die alten Stallungen, die Friedrich III. als Kronprinz genutzt hatte, lagen unweit des neuen Bauplatzes in dem eingeschossigen Seitenflügel des Commun I. Zur Unterbringung der Kutschen war vor 1880 an diesen Flügel lediglich eine provisorische Wagenremise gesetzt worden.[118] Dieser unzureichende Zustand wurde nun beseitigt. Als regierendem Kaiser standen Wilhelm II. deutlich mehr finanzielle Mittel zur Verfügung, als dies noch bei seinem Vater der Fall gewesen war. Außerdem waren die Anforderungen eines kaiserlichen Marstalls weitaus umfangreicher, als es die eines kronprinzlichen Fuhrparks sein konnten. Die zweigeschossige Marstallanlage bildete einen rechteckigen Hof, der sich nach Osten mit einer breiten Einfahrt öffnete. In der Mitte wurde der Bau durch die hohe gewölbte Decke der Reithalle betont. Sehr behutsam ging Haeberlin mit der Gestaltung der Außenfassade um. Der Architekt bezog sich bei der Fassadengestaltung auf die Architektursprache des Neuen Palais und der Communs aus dem 18. Jahrhundert. »Es ist deshalb [...] der Rohbau aus rothen Backsteinen mit weißen gestäbten Kalkfugen gewählt worden, während sämtliche Architekturformen [...] im vorgemauerten gelblich gefärbten Cementputz [...] herzustellen sind.«[119] Der Innenausbau erfolgte nach den damals neuesten Erkenntnissen. Im Erdgeschoss lagen vier Stall- und zwei Wagenräume, drei Geschirrkammern, die Dienstzimmer für den Oberstall- und den Leibstallmeister. Außerdem gab es mehrere Futterböden, als besonders fortschrittlich galt ein beheizbarer Wagenwaschraum.[120] Die Anlage diente zur Unterbringung von 80 Pferden und 50 Kutschen. Am 11. Mai 1894 meldet der Oberstallmeister Graf Ernst August von Wedel (1838–1913), dass »jetzt der Neue Marstall in Benutzung genommen ist«[121]. Bemerkenswert ist die Tatsache, dass für die Pferde der Kaiserin weiterhin der historische Marstall im niedrigen Seitenflügel des Commun I genutzt wurde, indem zuvor die Pferde Kaiser Friedrichs III. gestanden hatten.

Im Jahr 1901 arbeiteten im Neuen Marstall 80 Personen, davon 31 Reitknechte und acht Hilfsstalldiener.[122] Nördlich des Marstalls lag die alte Reitbahn, auf der bereits Wilhelm II. und seine Geschwister in den 1860er- und 1870er-Jahren ihren Reitunterricht erhielten. Die Bahn wurde bis 1918 weiter genutzt. Der Neue Marstall

Blick auf den nordöstlichen Flügel des Neuen Marstalls, 1894

Der mit den beiden hohen, halbrunden Fenstern versehene Pavillon beherbergte einen Raum für den Wagenmeister und die Anmeldestube. Unter dem weit ausladenden Dach zur Hofseite sind die Einfahrten für die Wagenremise zu erkennen. Im Anschluss, hinter den beiden geöffneten Türen des Nordflügels, lag ein beheizbarer Wagenwaschraum. Der Architekt Franz Haeberlin hatte sich bei der Fassadengestaltung an der Architektursprache des Neuen Palais und der Communs orientiert.

Blick in die Stallungen des Neuen Marstalls, 1894

Der 1894 fertiggestellte Marstall bot Platz für 80 Pferde. Dazu zählten die in Potsdam benötigten Leib- und Wagenpferde des Kaisers. Die oberhalb der Boxen befindlichen Fenster konnten geschlossen und verdunkelt werden, um die Tiere vor Zugluft zu schützen und bei der Beschauung des wertvollen Pferdebestandes Gegenlicht zu verhindern. Im Zuge der Einrichtung der Nachrichtenabteilung der Luftwaffe wurden 1937 sämtliche Boxen entfernt.

Die Reithalle des Neuen Marstalls, 1894
Blick von der Kaiserempore in die Reithalle. Den Mittelpunkt des Marstallkomplexes bildete die gewölbte, elf Meter hohe Halle mit ihrer 400 Quadratmeter großen Reitbahn. Das Innere hatte Franz Haeberlin überaus reich ausstatten lassen, da die kaiserliche Familie bei ungünstiger Witterung hier Reitübungen absolvierte. Der Boden der Halle wurde 1937 im Zuge der Nutzung als Verwaltung der Nachrichtenabteilung der Luftwaffe asphaltiert.

war mit einer Reithalle ausgestattet worden, sodass auch bei ungünstiger Witterung hier Reitübungen absolviert werden konnten. Im Inneren hatte die Halle eine reiche Ausstattung erhalten, da, wie Haeberlin 1893 schreibt, sie »zeitweise auch von Allerhöchsten Herrschaften benutzt werden wird«[123]. Schriftliche Quellen belegen eine Nutzung durch die Kaiserin und ihre Tochter in den Wintermonaten. So hieß es am 5. Dezember 1906: »Ihre Majestät die Kaiserin unternahmen mit IKH der Prinzessin Victoria Luise ab 11.30 Uhr Reitübungen in der Reitbahn« und am 28. November 1911 notiert ein Mitarbeiter des Oberhofmarschallamtes: »Gegen Mittag ritten Ihre Majestät mit IKH der Prinzessin Victoria Luise in der Reitbahn.«[124] Die Reithalle hatte eine Höhe von elf Metern, die Fläche der Reitbahn betrug knapp 400 Quadratmeter. An der Ostseite lag im oberen Wandbereich die Kaiserloge, die über eine separate Wendeltreppe erreicht werden konnte. Sie war derart unauffällig in die Wandabwicklung integriert, dass sie auf den ersten Blick kaum zu sehen war.[125] Auf der gegenüberliegenden Wand befand sich ein dekoratives Gemälde eines unbekannten Künstlers. Dargestellt war der preußische Adler, das Wappentier der Hohenzollern, mit ausgebreiteten Schwingen. Der Adler thront auf einem dekorativen Schild mit der lateinischen Inschrift »suum cuique«, (»Jedem das Seine«, in der Bedeutung von »Jedem nach seinem Verdienst«), dem Wahlspruch des Schwarzen Adlerordens, dem höchsten preußischen Orden. Mit der Motorisierung des Fuhrparks ab 1903[126] wurde die südlich liegende Wagenremise in eine Garage für die Automobile umgebaut.[127]

Moderne Technik

Einbau von Bädern und Toiletten

Als der kaiserliche Hof unter Wilhelm II. das Neue Palais im Frühjahr 1889 zum ersten Mal bezog, waren in den Schlafzimmern des Kaiserpaares bereits sanitäre

Das Badezimmer Wilhelms II., 2017
Das Badezimmer des Kaisers wurde 1903 in eine ehemalige Puderkammer eingebaut. Die Wände des Kabinetts wurden dabei mit Delfter Fliesen bekleidet. Über der Zinkwanne, die in eine Holzverschalung eingepasst war, befand sich die »Duschbrause«. Mit dem daneben installierten Glockenzug konnte Wilhelm II. nach seinem Garderobier rufen. Durch das am Bidet angebrachte Gitter wurde Frischluft in den Raum abgegeben. Für angenehme Temperaturen sorgte eine Heizung. Die Wärme konnte durch das Bronzegitter ausströmen, das sich über der halbrunden Nische befand.

Anlagen wie Toiletten mit Wasserspülung und Badekabinette vorhanden. Die Eltern des Kaisers hatten die sanitären Anlagen in den 1860er-Jahren einbauen lassen. Die Ausstattung war verhältnismäßig schlicht. Das Badekabinett Wilhelms II. lag in einem kleinen Verschlag, der sich im Durchgang zwischen dem Schlaf- und seinem Toilettezimmer befand. Der kleine Raum entsprach nicht mehr den gestiegenen hygienischen Ansprüchen des Herrschers. Stattdessen entstand im Jahr 1903 in seinem Toilettezimmer (R. 274) in einer ehemaligen Puderkammer ein neues Badezimmer. Die Wände wurden mit Delfter Fliesen versehen. Jede der handgemalten weiß-blauen Fliesen zeigt ein anderes historisches niederländisches Motiv. Neben einer Zinkgusswanne, die in einer weiß gefassten Holzverschalung eingebaut ist, gehört ein Bidet zur Ausstattung des Bades. Über der Wanne befindet sich ein fest eingebauter Duschkopf, sodass der Kaiser zwischen Wannenbad oder Duschbad wählen konnte. Drei Knöpfe mit einem Kristallknauf tragen die Bezeichnung »Kalt, Warm, Brause«. Die Toilette war separiert und befand sich in einer Wandnische.

Die Kaiserin nutze in ihrem Toilettezimmer (R. 269) ein Badekabinett, das bereits ihre Schwiegermutter Victoria hatte einbauen lassen. Die Wände waren lediglich mit einer weiß gefassten Holzvertäfelung versehen worden. Erst 1898 erfolgte eine Aufwertung, indem man die Wände ebenfalls mit blau-weißen »Kacheln in Delfter Manier« flieste.

Beim Ausbau der Wohnungen für die Kinder im zweiten Stockwerk entstanden 1889 die Bäder und Toiletten neu. Die Ausstattung richtete sich nach dem Rang der Kaiserkinder. Das Bad des Kronprinzen (R. 360) erhielt eine luxuriösere Ausstattung als das seiner jüngeren Brüder. Während über der Wanne des Thronfolgers ein blauer Fliesenspiegel angebracht war,[128] wurden die Bäder der anderen Kaiserkinder nur mit Ölfarbe gestrichen und grau marmoriert.[129] Neben jeder Wanne stand ein kupferner Badeofen, nur beim Kronprinzen verzichtete man darauf und der Badekessel stand, wie

in den Bädern des Kaiserpaares, im Keller. Auf diese Weise wurde die Schmutz verursachende Befeuerung aus den Bädern in das Sockelgeschoss verlegt. Ein Grundriss des Kellergeschosses[130] nennt neun Heizkessel zur Aufbereitung des Badewassers. Außer den Bädern des Kaiserpaares und des Kronprinzen wurden alle Gästewohnungen, die Bäder der Hofdamen, der Adjutanten und des Oberhof- und Hausmarschalls vom Keller aus befeuert.

Die Beheizung der Schlossräume

Wilhelm II. bewohnte das Neue Palais jährlich bis in den Januar hinein. Die Heizung, die sein Vater ab Ende der 1870er-Jahre in mehreren Etappen hatte einbauen lassen, wurde ab 1890 gegen eine modernere, leistungsfähigere Zentralheizung ausgetauscht.[131] Bemerkenswert ist die Tatsache, dass in den Wohn- und Arbeitszimmern des Kaiserpaares, die an der Gartenseite lagen, auf den Einbau der Heizung verzichtet wurde (R. 257–262). Es ist anzunehmen, dass die ab 1865 im Neuen Palais eingebauten englischen hohen Kamineinsätze aus Gusseisen[132] die Wärme so gut speicherten, das die Raumluft entsprechend erwärmt werden konnte. Hingegen gab es im Toilettezimmer der Kaiserin (R. 269) und im gemeinsamen Schlafzimmer (R. 272) eine zusätzliche Wärmequelle. Flankierend zu beiden Seiten der Kamine waren kleine »Tonöfen« von einem Meter Höhe aufgestellt worden,[133] die in den privaten Wohnräumen für angenehme Temperaturen sorgten.

Die Heizkörper wurden in fast allen Räumen in den Fußböden der Fensternischen platziert. Durch vernickelte Ausströmgitter, die von der Kunstgießerei Lauchhammer gefertigt waren, wurde die Wärme in die Räume abgegeben. Wo der Einbau im Fußboden nicht möglich war, hatte man in den Täfelungen der Wände Gitterwerk eingesetzt, hinter dem sich die Heizkörper verbargen.

Die Befeuerung erfolgte vom Keller aus. Hier waren 14 Heizkessel aufgestellt worden, sodass es möglich war, einzelne Schlossbereiche entsprechend ihres Bedarfs zu beheizen. So konnten je nach Anwesenheit der kaiserlichen Familie oder ihrer Gäste die Wohnungen und Festsäle einzeln mit Wärme versorgt werden. Dies traf auch für den Hofdamen- und Adjutantenflügel und die Räume des Oberhofmarschallamtes zu.[134] Die Zentralheizung umfasste nur die Zimmer des Erdgeschosses und der ersten Etage. Die Räume im zweiten Stockwerk mit den Kinderzimmern und den Gästewohnungen mussten durch Öfen einzeln beheizt werden. Hofbaurat Reinhold Persius hatte um 1880 Entwürfe für Pyramidenöfen gefertigt, die sich in ihrer Grundform an barocken und klassizistischen Vorbildern orientierten. Die Öfen besaßen ein eisernes Unterteil und ein Kacheloberteil. Wilhelm II. hatte sie nach 1889 anfertigen und aufstellen lassen.[135]

Die Kamine behielten auch nach dem Einbau der Heizung ihre Funktion als Wärmequelle. Ein nicht zu unterschätzender Aspekt war die behagliche Stimmung, die sie verbreiteten. Bereits Friedrich III. hatte als Kronprinz begonnen, die Seitenwände der Kamine mit Fliesen der Firma Villeroy & Boch verkleiden zu lassen. Wilhelm II. ließ die Arbeiten ab 1889 weiterführen. Bis 1895 waren alle Kamine mit den Hoheitszeichen, dem preußischen Adler und dem Monogramm »FR« (Fridericus Rex) in den Farben Rot oder Blau versehen worden. Die Rückwand wurde mit einer Eisenplatte versehen, die als Referenz an den Bauherren ebenfalls das Monogramm »FR« trägt.

Der Verbrauch an Brennmaterial war enorm. Bei einer Außentemperatur von null Grad Celsius wurden für die Zentralheizung und die Kamine im Neuen Palais täglich drei Tonnen Steinkohle, zwei Hektoliter Koks und sieben Festmeter Erlenholz verbraucht. Bei Festlichkeiten, die anlässlich von fürstlichen Besuchen stattfanden, verdoppelte sich der Verbrauch. Für die Hofküche im Commun I waren täglich 300 Kilogramm und für die Küche der Dienerschaft nochmals eine halbe Tonne Steinkohle notwendig. Für die Beheizung der Wohnräume der Hofdienerschaft mussten pro Tag 700 Kilogramm Steinkohle zur Verfügung gestellt werden.[136]

Modell einer Petroleumlampe, um 1890
Öl- und Petroleumlampen waren vor der Elektrifizierung der Schlossräume die wichtigsten Lichtquellen. Die Wachskerzen der Kronleuchter und Wandbranchen wurden aufgrund ihrer hohen Anschaffungskosten nur bei fürstlichen Besuchen oder Festlichkeiten angezündet. Nachdem es 1906 zu einem schlimmen Unfall mit einer Petroleumlampe gekommen war, verbot Wilhelm II. den Einsatz dieser Lichtquelle in den preußischen Schlössern.

Die Elektrifizierung der Schlossräume

Bevor elektrisches Licht zum ersten Mal die Schlossräume des Neuen Palais im neuen Glanz des Fortschritts erstrahlen ließ, waren Öl- und Petroleumlampen sowie Wachskerzen in Gebrauch. Ein Lampenverzeichnis aus dem Jahr 1891 nennt drei Arten von Öllampen: Moderateur-Lampen[137] aus Bronze mit geschliffener Kugelglocke und einem Fuß aus buntem Porzellan, Uhr-Lampen[138] und Schiebe-Öl-Lampen.[139] Die Öllampen dienten als Hauptlichtquelle in der Wohnung des Kaiserpaares. Zur Einrichtung jedes Schlossraumes gehörten Kronleuchter und Wandbranchen, die mit Wachskerzen bestückt waren. Sie wurden nur zu besonderen Anlässen, wie etwa Festlichkeiten, angezündet. Im Arbeitszimmer (R. 258) und im Vortragszimmer (R. 173) des Kaisers waren je sechs Moderateur- und zwei große Schiebelampen aufgestellt. Der Kaiserin standen in ihrem Wohnzimmer (R. 259) sogar 15 Moderateur- und drei große Schiebelampen zur Verfügung. Im Salon und im Speisezimmer der

Linke Seite: Die Zentralheizung im Marmorsaal, 1992
Die Heizkörper der Niederdruckdampfheizung wurden so geschickt hinter den Flügeltüren des Marmorsaals versteckt, dass sie auf den ersten Blick nicht zu erkennen waren. Mit dem Einbau der Heizung wurden hinter den vier bereits vorhandenen Blindtüren kleine Nischen für die Heizung geschaffen. Ein bronzenes Gitter in den Türblättern ermöglichte das Ausströmen der Wärme in den Saal.

Prinzen waren 14 Öllampen aufgestellt. Entsprechend ihrem Rang in der Hofordnung mussten sich die Hofdamen mit zwei Lampen und der diensttuende Kammerherr mit nur einer Lichtquelle begnügen. Wandlampen kamen ausschließlich in den Dienerschaftstreppen (drei Stück), dem unterirdischen Gang (sechs) und in den Räumen des Souterrains (zwölf) zum Einsatz.

Petroleumlampen gab es fast nur in den Wohnräumen des Gefolges und der Dienerschaft, da vor allem der Geruch intensiver war als bei den mit Pflanzenöl betriebenen Öllampen.[140] In den Zimmern der Schlossmädchen, der Silberwäscherin und der Lakaien war je eine Petroleum-Lichtquelle vorhanden. Die Liste führte für die Schlossküche und die Räume für die Hofdienerschaft im Commun I insgesamt 41 Schiebelampen und 50 Hängelampen auf. Insgesamt waren im Neuen Palais 172 Öllampen und 316 Petroleumlampen aufgestellt.[141] Im April 1906 ereignete sich ein tragischer Unfall mit einer Petroleumlampe im Schloss Militisch bei Breslau, dem Besitz des Grafen von Maltzan. Ein Diener war dabei, der Gräfin Elisabeth den Weg zu leuchten, als er stolperte und daraufhin das Abendkleid der Hausherrin in Brand setzte. Die 37-Jährige erlitt schlimme Verbrennungen an den Beinen.[142] Diesen Unfall nahm Wilhelm II. zum Anlass, die Petroleumlampen aus den preußischen Schlössern zu verbannen. Seitdem waren nur noch Öllampen in Gebrauch, dessen aus Raps gewonnener Brennstoff nicht leicht entzündbar war.[143]

Sobald fürstliche Gäste anwesend waren, verdoppelte sich die Zahl der benutzten Lampen sogar noch. Beim Besuch von König Karl I. von Portugal (1863–1908) im November 1895 waren im Neuen Palais und den Communs insgesamt 632 Öllampen in Gebrauch. Allein in den Wohnungen des Kaiserpaares und des königlichen Gastes brannten 120 Lampen, in den Treppenhäusern waren 28 Beleuchtungskörper aufgestellt worden. Allein während der Vorstellung im Schlosstheater wurden 100 sogenannte Öl-Coulissenlampen verwendet.[144] Für die Betreuung der Lampen waren mehrere sogenannte »Lampiers« verantwortlich. Sie hatten die Aufgabe, das Petroleum und Öl nachzufüllen und die Leuchtkörper zu reinigen. Da es sich um offenes Feuer handelte, waren mit der Nutzung von Kerzen und Öllampen enorme Gefahren verbunden. Bei Festlichkeiten im Neuen Palais war die städtische Feuerwehr stets anwesend.

Anders als im Berliner Schloss, in dem bereits seit 1889 eine partielle elektrische Beleuchtung vorhanden war,[145] wurde das Neue Palais erst im Jahr 1911 an das Stromnetz angeschlossen. Die Voraussetzungen hierfür waren erst durch den Bau des städtischen Elektrizitätswerkes in Potsdam im Jahr 1902 gegeben. Mehrere Grundrisse des Neuen Palais von Hofbaurat Otto Wittig (1859–1942) dokumentieren durch unterschiedliche farbige Lavierungen, dass die Versorgung der Räume mit Strom in mehreren Abschnitten bis ins Jahr 1915 erfolgte. In einem ersten Schritt wurden die Kronleuchter und ein Teil der Wandbranchen in den Gesellschaftsräumen des Unteren Fürstenquartiers, dem Grottensaal, der Marmorgalerie und im Schlosstheater elektrifiziert. Noch 1911 wurden die Arbeiten mit der Elektrifizierung der Beleuchtung im gesamten Kellergeschoss fortgesetzt.[146] Im selben Jahr schloss man die Kronleuchter und Wandbranchen in den Wohnräumen des Kaiserpaares und der Princess Wohnung an das Stromnetz an.[147] Eine besondere Art der elektrischen Beleuchtung erhielt das gemeinsame Schlafzimmer des Kaiserpaares (R. 272). Als Abschluss der Wand zur Decke wurden versteckt hinter der Voute in dichter Folge 155 »elektrische Glühlicht-Röhrenkerzen« installiert. Mithilfe dieser etwa 30 Zentimeter langen Röhren konnte der Raum indirekt beleuchtet werden.[148]

Im Jahr 1912 beschränkten sich die Arbeiten auf die Elektrifizierung von zwei Gästeappartements, der Fürstenwohnung nach dem Sandhof und der Fürstenwohnung nach dem Nordhof. 1913 waren die Arbeiten auf den Hofdamenflügel begrenzt.[149] Eine Weiterführung der Elektrifizierung im Jahr 1914 umfasste die Oberen und Unteren Roten Kammern und die früheren Wohnräume der Kaisersöhne sowie den Turnsaal im zweiten Obergeschoss.[150] Mit der Stromversorgung von Dienerzimmern im Dachgeschoss konnten die Arbeiten schließlich im zweiten Kriegsjahr 1915 abgeschlossen werden.[151]

Ein Militärposten des Lehr-Infanterie-Bataillons bewacht den Eingang am Südtor, 1904
Bei Anwesenheit der kaiserlichen Familie im Neuen Palais wurde das Parkareal weiträumig abgesperrt. Für das Öffnen und Schließen der Tore waren Militärposten zuständig.

Die Sicherheit

Jedes Mal, wenn die kaiserliche Familie das Neue Palais bezog, wurde das Parkareal weiträumig abgesperrt. Die Sicherheitsvorkehrungen, die nach den beiden Attentaten auf Kaiser Wilhelm I. im Jahr 1878 erhöht worden waren, wurden beibehalten. Bei der Absperrung handelte es sich um einen ein Meter hohen Drahtzaun. Der für die Öffentlichkeit nicht zugängige Bereich des Parks Sanssouci schloss die Fasanerie, den Freundschafts- und den Antikentempel sowie die Communs ein. Das hohe Eisengitter an der Maulbeerallee bildete seine Grenze nach Norden. Auf der Hauptallee, dem Ökonomieweg und auf der Avenue, die vom Bahnhof Wildpark zum Schloss führte, und auf weiteren Parkwegen wurden Tore aufgestellt, um berechtigten Personen den Zugang zum Neuen Palais und seinen Nebengebäuden zu ermöglichen. Für das Öffnen und Schließen der Tore waren Militärposten zuständig, die aus dem Lehr-Infanterie-Bataillon und der Schloss-Garde-Kompagnie rekrutiert wurden. Das Wachlokal befand sich im Südtorgebäude. Zwei Ordonnanzen, die vom Lehr-Infanterie-Bataillon kommandiert waren, übernahmen den Dienst, der im Sommer um 6 Uhr, im Winter um 7 Uhr begann und um 21 Uhr endete. Wenn Personen ohne Legitimationskarte das abgesperrte Areal betreten wollten, um Besuche abzustatten oder Nachrichten zu überbringen, mussten sie sich zum Südtor begeben. Dort betätigte der Posten eine am Tor installierte elektrische Klingel nach der Ordonnanz. Daraufhin begab sich einer der beiden Ordonnanzen zum Tor, um die betreffenden Person einzulassen und ihr den Weg zum Portier zu zeigen. Alle anderen Leute, die im Schloss Arbeiten zu erledigen hatten, wurden von der Ordonnanz persönlich bis zum Portier im Südflügel (R. 222) begleitet und diesem übergeben.[152]

Darüber hinaus waren weitere Militärposten direkt am Neuen Palais stationiert. Zwei Soldaten patrouillierten auf dem Podest, dabei nahm einer den Weg vom Ehrenhof in nördliche Richtung vorbei am Hofdamenflügel bis zum Grottensaal, der zweite Posten ging vom

Nordtorgebäude bzw. Hofgärtnerhaus, um 1910
Hinter den Fenstern südlich der Loggia lag seit den frühen 1860er-Jahren das kronprinzliche Telegrafenamt, das 1905 um ein Postamt erweitert wurde. Hofgärtner Emil Sello bezog 1864 in einem Teil des Gebäudes seine Dienstwohnung. Bis 1918 blieb das Nordtorgebäude das Wohnhaus für die im Gartenrevier angestellten Gärtner, sodass sich bald die Bezeichnung Hofgärtnerhaus durchsetzte.

Hier lag das Wachlokal für die diensthabenden Ordonnanzen, die vom Lehr-Infanterie-Bataillon kommandiert waren. Seit 1884 befand sich in seinen Räumen auch die Dienstwohnung des Schlosskastellans. Der Hofarchitekt Franz Haeberlin hatte die südlich liegende Raumfolge für den Oberkastellan Philipp Morsch (1840–1910), der im selben Jahr seinen Dienst im Neuen Palais antrat,[160] umgebaut. Anstelle des in den frühen 1880er-Jahren zugeschütteten Palaisgrabens entstand ein kleiner Garten für den Kastellan. Für die Umsetzung der umfangreichen Modernisierungsarbeiten wurde 1889 westlich des Südtorgebäudes in einem separat stehenden Gebäude ein eigenes Baubüro für den Direktor der Schlossbaukommission Franz Haeberlin eingerichtet.[161] So konnten alle Baumaßnahmen zentral vom Areal des Neuen Palais aus geleitet und überwacht werden. Zur Aufbewahrung der benötigten Bau- und Gartenpläne befand sich in der zweiten Etage des Südtorgebäudes eine Außenstelle der im Berliner Schloss beheimateten Plankammer des Oberhofmarschallamtes.

Nordtorgebäude

Im Nordtorgebäude wohnte seit dem 18. Jahrhundert der für das Neue Palais zuständige Kastellan. Hofgärtner Emil Sello zog 1864 mit seiner Familie in dieses Gebäude ein.[162] Sello, der sich um das Gartenrevier »Neues Palais« kümmerte, gestaltete nach den künstlerischen Vorgaben der Kronprinzessin Victoria das Parterre vor dem Neuen Palais, die flankierenden Heckenquartiere mit den Kinderspielplätzen sowie den Rosengarten. Den Hofgärtner und die Kronprinzessin verband die Leidenschaft für die Gartenkunst und die gemeinsamen Projekte, woraus eine enge, fast familiäre Bindung erwuchs. »Das Kronprinzenpaar erschien oft bei Emil Sello zum Tee. […] Auf eigenen Wunsch wurde die Kronprinzessin 1866 Patin von Sellos Tochter, die ihren Namen erhielt.«[163]

Mit seinem Einzug in das Kastellanhaus hatte er Bezug auf die Lage der Hofgärtnerei genommen, die in Sichtweite, westlich zwischen Commun II und dem

Nordtorgebäude, lag. Emil Sello war jedoch nicht der einzige Mieter des früheren Torhauses. Die Hofgärtnerfamilie teilte sich das Gebäude mit der Familie des Schlosskastellans Immelmann[164], dem 1872 der Kastellan Staar in sein Amt folgte. Als Staar seinen Posten 1884 aufgab, kam es zu einer Verlegung der Dienstwohnung in das Südtorgebäude. Das Nordtorgebäude blieb bis 1918 das Wohnhaus für die im Gartenrevier Neues Palais angestellten Gärtner, sodass sich die Bezeichnung Hofgärtnerhaus durchsetzte. Auch Georg Potente (1876–1945), der letzte kaiserliche Hofgärtner, verfügte hier über ein Dienstzimmer.[165]

Im Erdgeschoss südlich der Loggia lag seit den frühen 1860er-Jahren das »Telegraphenbüro« der kronprinzlichen Hofverwaltung.[166] Im Jahr 1905 wurde das Telegrafenamt um ein Postamt erweitert. Die Eröffnung der Postdienststelle stand im Zusammenhang mit der bevorstehenden Hochzeit des Kronprinzen Wilhelm, da in den Wochen vor dem Ereignis der Briefverkehr und die Paketsendungen enorm angestiegen waren. Das Oberhofmarschallamt gab im Mai 1905 bekannt, dass der am Haus befindliche Briefkasten täglich 20 Mal geleert würde. Das neue Postamt führte die Bezeichnung »Neues Palais b. Wildpark«. Seine Aufgaben waren, wie aus einem Schreiben der Oberpostdirektion hervorgeht, die »Behandlung aller eingehenden Sendungen für die Allerhöchsten Herrschaften und die übrigen Bewohner des Neuen Palais […] Die Beförderung der ausgehenden Sendungen [erfolgte] mit allen Eisenbahnzügen«[167] von der Station Wildpark (heute Bf. Park Sanssouci) aus. Die Poststelle war nur während des Aufenthaltes des Hofes im Neuen Palais geöffnet. Da bald abzusehen war, dass das nur zwei Zimmer umfassende Postamt den gestiegenen Brief- und Postverkehr nicht bewältigen konnte, entstand auf dem Baugrund der ehemaligen Hofstation Wildpark in der Victoriastraße 38 (heute Geschwister-Scholl-Straße 38) ein neues Postamt. Das 1911 eröffnete Gebäude beherbergte neben dem kaiserlichen Postamt auch die Telegraphenstation Nr. 1. Es war das letzte Bauwerk, das in Potsdam für die Hofhaltung Wilhelms II. errichtet wurde.[168]

Die alte Hofstation Wildpark, Oktober 1908
Die Hofstation war 1868 am südlichen Endpunkt der Avenue als Fachwerkbau errichtet worden. Zu Beginn des 20. Jahrhunderts genügte der einfache Bau dem gestiegenen Repräsentationsbedürfnis Wilhelms II. nicht mehr. Wenige Monate vor dem Abriss der Hofstation entstand diese Aufnahme anlässlich der Abreise der holsteinischen Prinzessin Alexandra Victoria (im weißen Kleid) aus Potsdam.

Die Hofstation Wildpark

Am 4. November 1909 wurden Kronprinz Konstantin von Griechenland und seine Gemahlin Sophie als erste Gäste auf der neuen Hofstation Wildpark empfangen.[169] Das repräsentative Bahnhofsgebäude im Stil eines englischen Landhauses war ein Werk des Hofarchitekten Ernst Eberhard von Ihne. Umgangssprachlich setzte sich nach dem Zweiten Weltkrieg die bis heute gängige Bezeichnung »Kaiserbahnhof« durch.

Bereits 1847 hatte Friedrich Wilhelm IV. hier eine Haltestation für Züge einrichten lassen, um bequem das Jagdgebiet Wildpark zu erreichen. Ein erstes Gebäude aus Holz im Stil der Neurenaissance war 1858 mit dem Ausbau der zweigleisigen Strecke Potsdam–Magdeburg entstanden. Als 1868 die Gleisanlagen verbreitert wurden, musste das Holzgebäude abgerissen werden. Der preußische Kronprinz Friedrich Wilhelm (der spätere Kaiser Friedrich III.) beauftragte den Architekten Erwin Theodor Döbner mit der Errichtung eines Neubaus.

Die neue Hofstation Wildpark, um 1910
Die Hofstation mit seiner 90 Meter langen Empfangshalle entstand 1906–1909 nach Entwürfen von Ernst Eberhard von Ihne. Nach seiner Einweihung im Herbst 1909 empfing Wilhelm II. hier Erzherzog-Thronfolger Franz Ferdinand von Österreich (1909), Albert I., König der Belgier, Zar Nikolaus II. von Russland, König Christian X. von Dänemark (alle 1910) und Zar Ferdinand I. von Bulgarien (1912).

Etwa 300 Meter östlich des ersten Bahnhofs entstand ein kleiner Pavillon aus Eisenkunstguss. Auf Wunsch der Kronprinzessin Victoria wurde die »Kronprinzliche Einsteigehalle« im Stil der englischen Neugotik errichtet[170] und die neue Hofstation in die Sichtachse als südlicher Endpunkt der Avenue gesetzt. Gleichzeitig mit der Hofstation entstand 1868/69 etwa 100 Meter westlich davon das öffentliche Bahnhofsgebäude als Fachwerkbau mit Klinkerausfachung. Hierbei handelt es sich um den heute unter der Bezeichnung »Bürgerbahnhof« bekannten ältesten noch existierenden Bahnhof Potsdams. Bald nach der Gründung des Deutschen Kaiserreiches 1871 genügte der kleine Pavillon dem Repräsentationsbedürfnis des Kronprinzenpaares nicht mehr. 1882 forderte der Thronfolger einen Bahnhofsneubau im Stil des Neuen Palais, der jedoch bis zu seinem Tod 1888 nicht umgesetzt wurde.

Erst nachdem Wilhelm II. den Thron bestiegen und das Neue Palais zum bevorzugten Aufenthaltsort erkoren hatte, rückte die Hofstation stärker in den Mittelpunkt des Hoflebens. Da Wilhelm II. hier zahlreiche ausländische Gäste empfing, kam dem Bahnhof eine wichtige zeremonielle Bedeutung im Programmablauf von Staatsbesuchen zu. Der lange gehegte Plan, das kleine Empfangsgebäude durch einen repräsentativeren Bau zu ersetzen, nahm in den ersten Jahren des 20. Jahrhunderts konkrete Formen an. Mit der Anschlussstrecke nach Nauen 1902 und jener nach Jüterbog 1908, die die Hauptstrecke Berlin–Magdeburg kreuzte, wurde die Station Wildpark zu einem kleinen Verkehrsknotenpunkt. Die Gleisanlagen wurden auf einen hohen Damm verlegt, damit Straße und Bahn kreuzungsfrei verlaufen konnten. In diesem Zusammenhang wurde der Bau der neuen Hofstation geplant. Die Wahl war auf den Architekten Ernst Eberhard von Ihne gefallen, der bereits zahlreiche Bauten für den preußischen Hof errichtet hatte.[171] 1905 legte Ihne die Entwürfe für das repräsentative Bahnhofsgebäude im Stil eines englischen Landhauses vor. Die Hofstation entstand in den Jahren 1906–1909 etwa 200 Meter westlich des öffent-

lichen Bahnhofs. Das Gebäude mit der 90 Meter langen Empfangshalle wurde mit elektrischem Licht sowie Personen- und Gepäckfahrstühlen ausgestattet. Die Fahrstühle waren besonders für den zweimal jährlich stattfindenden Umzug des Hoflagers, vom Neuen Palais ins Berliner Schloss und wieder zurück, eine große Entlastung für das Dienstpersonal. Das Gepäck bestand durchschnittlich aus 100 bis 150 Koffern und Kisten. Bei Staatsgästen, die den Kaiser im Neuen Palais besuchten, war eine ebenso so hohe Anzahl von Reisegepäck zu befördern, dazu musste ein Höhenunterschied von fünf Metern bewältigt werden, der durch die Aufschüttung des Bahndamms entstanden war. Mit dem Neubau der Hofstation wurde die alte »Kronprinzliche Einsteigehalle« abgebrochen.[172] Der öffentliche Bahnhof blieb erhalten. Nach der Aufschüttung des Bahndamms stößt die Überdachung etwas unmotiviert an die Stützmauer und die Tunnelunterführung, die zu den Bahnsteigen führt. Die neue Hofstation Wildpark wurde im November 1909 in Betrieb genommen.[173]

Die Hofdienerschaft des Kaisers

Die Wohnungen der Dienerschaft und die Schlossküche

Die repräsentativen Communs mit ihren beiden doppelläufigen Treppen, dem reichen Skulpturenschmuck und den weithin sichtbaren Kuppeln geben ihre Funktion nicht zu erkennen. Die Hofdienerschaft und ein Teil der Hofverwaltung waren im südlichen Commun I etabliert. Seitdem Friedrich der Große das Neue Palais und die Communs errichtet hatte, brachte man die Hofdienerschaft, Wirtschaftsräume und die Dienerschaft fürstlicher Gäste in beiden Communs unter. Mit dem Einzug des Lehr-Infanterie-Bataillons 1820 wurde zunächst das Commun I, später auch das Commun II mit Mannschaften und Offizieren belegt, sodass sich ihre Nutzung grundlegend änderte. Als Prinz Friedrich Wilhelm (der spätere Kaiser Friedrich III.) 1859 das Neue Palais bezog, blieb die militärische Belegung der Gebäude unverändert, was zu Platzproblemen bei der Un-

Commun I – Unterkünfte der Hofdienerschaft, 1911
Das südliche der beiden Communs diente zur Unterbringung der Hofdienerschaft, der Beamten und der Schlossküche. Im Erdgeschoss waren die Küchenräume, im ersten Obergeschoss des Kopfbaus lagen Büros und Wohnungen für Beamte des Oberhofmarschallamtes. In dem 50 Meter nach Westen liegenden Baukörper (hier links angeschnitten) waren 28 Zimmer für die Hofdienerschaft eingerichtet worden.

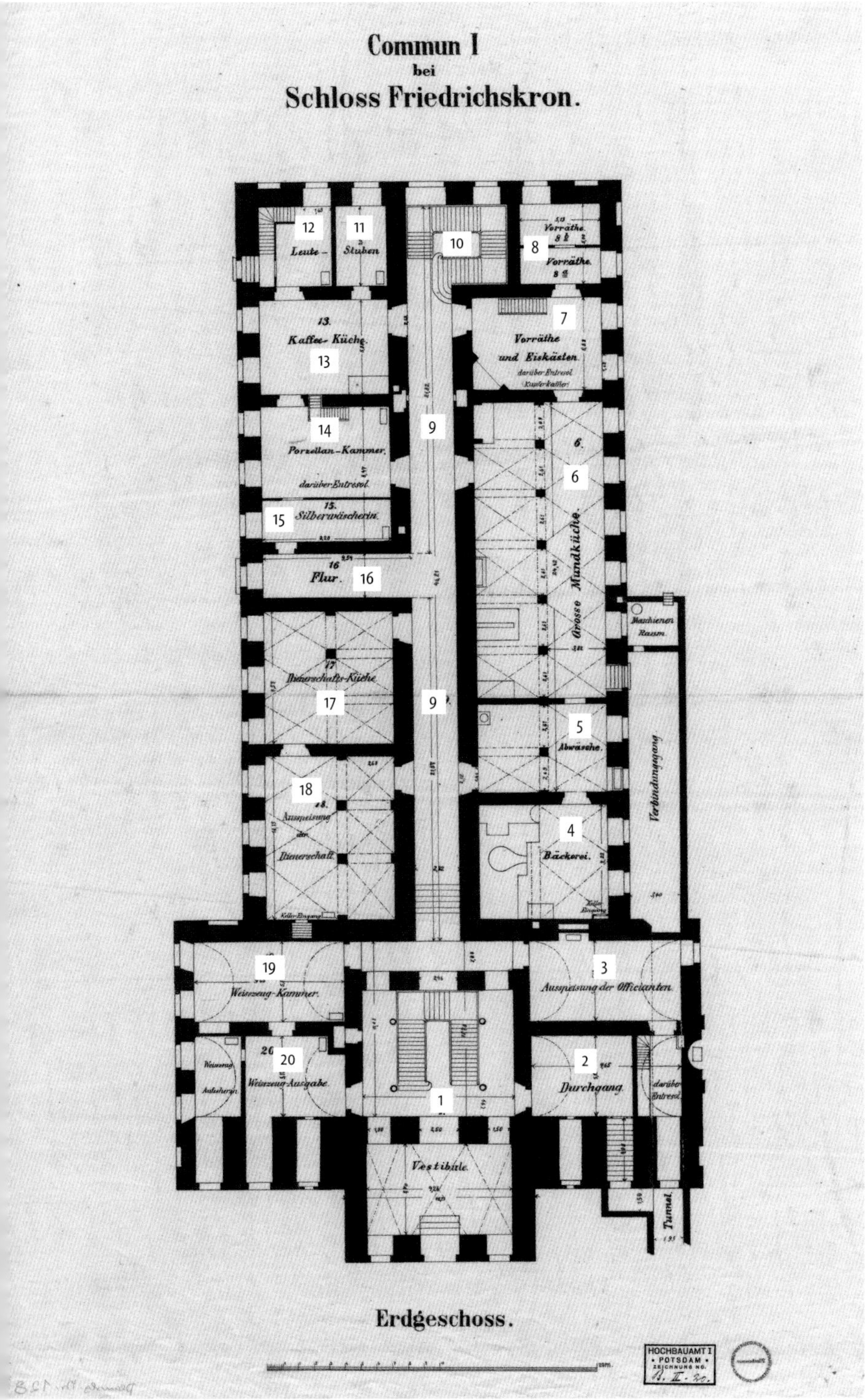

terbringung der Hofdienerschaft führte. Es wurden nur einige im westlichen Teil der Communs liegende Räume für die kronprinzliche Hofhaltung freigezogen. Mit dem Regierungsantritt Wilhelms II. musste die militärische Nutzung ausgelagert werden, um den umfangreichen Haushalt des Kaisers unterbringen zu können. Das Lehr-Infanterie-Bataillon räumte 1890 das Commun I. Als Ersatz entstand im Dorf Eiche, unweit des Neuen Palais, ein neuer Kasernenkomplex. Der 1891 fertig gestellte Bau erhielt den Namen »Auguste-Victoria-Kaserne«. Im Commun II verblieb die 1. Kompanie, während die 2., 3. und 4. Kompanie die neuen Kasernen bezogen.[174]

Nach dem Auszug der Mannschaften aus Commun I wurden die Zimmer aller Etagen ausgebaut und mit Wohnungen für die Hofdienerschaft eingerichtet, außerdem erhielt die Schlossküche eine neue Ausstattung.[175] Das Commun I enthielt drei Etagen. Im Erdgeschoss lagen die Schloss- und die Dienerschaftsküche, die Kellerei, die Silber- und Weißzeugkammer sowie eine Bäckerei. Die Küche für die kaiserliche Familie und die Hofdienerschaft waren voneinander getrennt. Der Dienerschaftsküche vorgelagert war der Speiseraum für das Hofpersonal. Für die in den Communs arbeitenden Beamten des Oberhofmarschallamtes war hier außerdem ein Esszimmer eingerichtet worden. Mit drei Vorratsräumen, einer Lampenkammer sowie einer Abwaschküche war der Versorgungstrakt komplett.[176] Eine Auflistung des in der Küche tätigen Personals aus dem Jahr 1890[177] nennt acht Köche, einen Bäckermeister, zwei Bratenspicker,[178] drei Küchendiener, vier Küchenfrauen sowie zwei Kücheneleven. In der Silberkammer waren elf Personen angestellt. Unter der Leitung des Silberverwalters arbeiteten vier Silberdiener, vier Silberwäscherinnen, eine Kassenküchen-Vorsteherin sowie eine Küchenschreiberin. Dem Kellermeister waren zwei Kellereidiener sowie ein Küfer[179] untergeordnet. Bis zum Jahr 1904 wurde die Anzahl des Küchenpersonals deutlich aufgestockt. Neben einem Küchenmeister und einem Magazinverwalter waren zwölf Mundköche, sechs Küchendiener und 23 Arbeiterinnen in der Hofküche tätig.[180]

Im ersten Geschoss, über den Räumen der Schlossküche, lagen die Wohnräume der Hofdienerschaft, ein Teil der Hofverwaltung und die Hofkapelle. Im repräsentativen Kopfbau des Communs I arbeiteten und wohnten Mitarbeiter des Oberhofmarschallamtes. Der mit einer Tiefe von 50 Meter nach Westen liegende Baukörper des Communs enthielt in zwei Etagen je 14 Räume, die durch einen langen Korridor voneinander getrennt waren. Eröffnet wurde der Flur mit der nach Norden liegenden Hofkapelle. Da es im Neuen Palais keine Kapelle gab, wurde 1892 ein ehemaliges »Zimmer für 4 Diener« als Kapellenraum eingerichtet. Der Raum hatte zwei bleiverglaste Fenster erhalten. Die Wände waren in der Höhe von zwei Metern »in der Art eines Behangs tapetenartig mit Wachsfarbe schabloniert, darüber gelbgrau getüncht, durch Striche quarderartig geteilt und durch schablonierte Querborden verziert«. Zur Ausstattung gehörten ein Harmonium, 36 Rohrstühle, ein Kruzifix und zwei Altarleuchter.[181] Die kaiserliche Familie und das Gefolge nutzten die Hofkapelle für den sonntäglichen Kirchgang regelmäßig. Die anderen, etwa jeweils 40 Quadratmeter großen Zimmer dieser Etage teilten sich bis zu fünf Angestellte. Hier wohnten der Küchenmeister, Köche, Lakaien, Kammerlakaien und der persönliche Garderobier des Kaisers. Außerdem lagen hier die Umkleideräume für die Livree-Dienerschaft und für die Lakaien sowie deren Waschraum.[182] Die Räume des zweiten Stockwerks hatten eine identische Anzahl und Aufteilung. Hier wohnten 32 Haus- und Schlossdiener, die Kammerdiener der Kaiserin, Köche, Bratenspicker, die Ordonnanzen der Schlosswache sowie zwei Kriminalbeamte.[183] So sorgten 68 Personen, die in den 28 Räumen der beiden oberen Etagen wohnten, für den reibungslosen Ablauf des Hoflebens.

Die vom Hofmarschallamt angestellten Hofköche waren ausschließlich für die Zubereitung der Mahlzeiten der kaiserlichen Familie, ihrer Gäste und deren Gefolge zuständig. Die Versorgung der Hofdienerschaft erfolgte durch einen externen Gastronomen. Der gelernte Koch Georg Moritz aus Berlin bewarb sich im April 1894 um die ausgeschriebene Stelle »für

Blick durch den Kolonnadenbogen auf die Fenster der Schlosskapelle, 1911
Auf der Westseite des Communs I lag im ersten Obergeschoss die Schlosskapelle. Es sind keine Entwurfszeichnungen oder Innenaufnahmen des 1892 eingerichteten Gottesraumes bekannt. Einzig dieses Messbild (Ausschnitt) mit den beiden gut sichtbaren Kapellenfenstern weist von außen auf den sakralen Raum hin.

die Übernahme der Ausspeisung der kaiserlichen Hofdienerschaft«. Als Referenz gab er das renommierte Geschäft seines Vaters, des Hoflieferanten »Brauerei Ausschank Julius Bötzow« in Berlin, an. Moritz erhielt den Zuschlag und verpflichtete sich per Vertrag, »alle Speisen und Getränke nur aus den besten Ingredienzien und durchweg gut und schmackhaft« herzustellen. Die Hofbehörde behielt sich das Recht vor, die Namen aller Lieferanten zu erfahren und diese auch zurückweisen zu können. Der Ökonom verpflichtete sich außerdem, »die Mahlzeiten so reichlich zu liefern, dass jeder Diener den Mittags- und Abendtisch gesättigt verlassen kann«. Das Oberhofmarschallamt überließ Georg Moritz im Gegenzug freie Wohnung für seine Familie, die erforderlichen Küchenräume, die Kücheneinrichtung und das Porzellan sowie die Küchen- und Tafelwäsche.[184] Die Hofverwaltung achtete peinlich genau darauf, dass das Personal von nun an seine Speisen und Getränke ausschließlich bei Georg Moritz bezog. Sie wies darauf hin, sollten Personen der Hofdienerschaft ihre Lebensbedürfnisse von anderen Lieferanten erwerben, würde ihnen das Kostgeld gestrichen.[185]

15 Jahre nachdem er den Auftrag für die Bewirtung der Hofdienerschaft erhalten hatte, machte sich Georg Moritz mit der Übernahme eines eigenen Restaurants

Linke Seite: Grundriss des Erdgeschosses von Commun I mit den Küchenräumen, 1889
1 = Vestibül; 2 = Durchgang; 3 = Speiseraum Offiziere; 4 = Bäckerei; 5 = Abwäsche; 6 = Große Schlossküche; 7 = Vorräte und Eiskästen; 8 = Vorräte; 9 = Flur; 10 = Treppenhaus; 11 & 12 = Leute Stuben; 13 = Kaffeeküche; 14 = Porzellankammer; 15 = Silberwäscherin; 16 = Flur; 17 = Dienerschaftsküche; 18 = Speiseraum Diener; 19 = Weisszeugkammer; 20 = Weisszeugausgabe.

Der Privatgarten

Nördlich des Parterres zwischen dem Neuen Palais und dem Antikentempel lag eingefasst von Hainbuchenhecken der Privatgarten des Kaiserpaares. Emil Sello hatte hier nach Wünschen der Kronprinzessin Victoria 1868 einen Rosengarten anlegen lassen. Als Kaiserin Auguste Victoria den Garten von ihrer Schwiegermutter übernahm, ließ sie seine Gestaltung zunächst nahezu unverändert. Fast alle Wege wurden von schmalen Rabatten flankiert, in denen hochstämmige Rosen gepflanzt und meist durch Eisendrähte für Kletterrosen festonartig verbunden waren.[210] Eine erste Ergänzung erfuhr der Garten 1902 mit der Aufstellung eines 2,50 Meter hohen ostasiatischen Räuchergefäßes aus Bronze auf der westlichen Rasenfläche. Hierbei soll es sich um ein Geschenk des Königs Chulalongkorn von Siam (1853–1910) handeln, der im August 1897 im Neuen Palais empfangen wurde.[211] Anstelle des Brunnens »Der Knabe mit dem Schwan« wurde 1904 in der Mitte der ovalen östlichen Rasenfläche der Narziss-Brunnen des Münchner Bildhauers Hubert Netzer (1865–1939) aufgestellt. Nachdem Netzer die Erstfassung des Brunnens bereits 1897 auf der VII. Internationalen Kunstausstellung in München präsentiert hatte, ließ er das Kunstwerk 1903 noch einmal nachgießen, um es auf der Berliner Kunst-

Oben: Blick auf die reiche Bepflanzung des Rasenstreifens vor der Gartenbalustrade, Autochrom, Werkstatt von Ottomar Anschütz, um 1910
Mit dem Bau der Gartenbalustrade wurde vor der Terrassenmauer ein schmaler Rasenstreifen angelegt, der mit prächtigen Sommerblumen bepflanzt war. Besonders repräsentativ waren die rot und orange blühenden Canna (Indisches Blumenrohr), die von roten Eisbegonien eingefasst waren. Vor der Sandsteinbalustrade waren neben Kapuzinerkresse im Wechsel eine Crimson Rambler-Rose und die Dahlie »Prinzess Viktoria Luise« gepflanzt worden.

Unten: Blick vom Parterre auf das Neue Palais, Autochrom, Werkstatt von Ottomar Anschütz, um 1910
In den Sommermonaten boten die Wechselpflanzungen des Parterres ein beeindruckendes Bild. Der Halbzirkel vor dem Neuen Palais bildete die größte Schmuckfläche in den Gärten Wilhelms II. Vor den Eibenkegeln wurden drei ellipsenförmige Teppichbeete angelegt, die wiederum von prächtigen Canna bekrönt und von Iresine und Helichrysum eingefasst waren. Dass die reich blühenden Gartenanlagen als Farbaufnahme im Bild festgehalten wurden, ist ein Beleg für die besondere Wertschätzung der Gartenkunst.

ausstellung auszustellen. Hier fand es die Aufmerksamkeit Wilhelms II., der den Brunnen für seinen Privatgarten ankaufen ließ.[212] Einen besonderen Blickpunkt des Gartens bot das überlebensgroße, strahlend weiße Marmorstandbild der Kaiserin Auguste Victoria von Carl Begas (1845–1916). Die Skulptur war ein Geschenk Wilhelms II. an seine Ehefrau. Der Kaiser beauftragte Begas im Februar 1903 mit der Anfertigung des Standbildes. Der Auftrag sollte geheim gehalten werden, wobei »der Name Ihrer Majestät der Kaiserin überhaupt nicht genannt«[213] werden durfte, wie der Chef des Zivilkabinetts, Hermann von Lucanus (1831–1908) im November 1903 den Künstler bat. Nachdem im März 1904 die Arbeiten vollendet waren, nahm Wilhelm II. die Skulptur persönlich im Berliner Atelier von Carl Begas in Augenschein. Die Aufstellung im Privatgarten erfolgte im Mai 1904.[214] Als Zeichen der Anerkennung verlieh Wilhelm II. dem Künstler das Ritterkreuz des Königlichen Hausordens von Hohenzollern.[215] Zur Vervollständigung des Skulpturenprogramms erwarb der Kaiser 1904 vom römischen Kunsthändler Giuseppe Sangiorgi insgesamt 21 Marmorbüsten und Vasen. Die Galleria Sangiorgi im Palazzo Borghese zählte zu Beginn des 20. Jahrhunderts zu den größten und erfolgreichsten Kunst- und Auktionshäusern weltweit.[216] Die Aufstellung von acht Büsten römischer Kaiser und von zwei Vasen im Privatgarten kann nicht vor Sommer 1905 erfolgt sein, da im Frühjahr desselben Jahres noch

Oben: Der private Garten des Kaiserpaares, Autochrom, Werkstatt von Ottomar Anschütz, um 1910
Das strahlend weiße Marmorstandbild der Kaiserin Auguste Victoria von Carl Begas, dessen Sockel von einem runden Teppichbeet eingefasst war, bot einen besonderen Blickpunkt. Der Privatgarten lag in einem Heckenquartier nördlich des Neuen Palais. Bereits 1868 hatte Emil Sello hier nach Wünschen der Kronprinzessin Victoria einen Rosengarten anlegen lassen.

Unten: Der Narzissbrunnen im Privatgarten, um 1905
Im Jahr 1904 wurde in der Mitte der östlichen ovalen Rasenfläche der sogenannte Narzissbrunnen aufgestellt. Wilhelm II. war auf den Brunnen des Bildhauers Hubert Netzer aufmerksam geworden, als dieser 1903 auf der Berliner Kunstausstellung präsentiert worden war. Lange nachdem bereits alle Bildwerke aus dem Garten entfernt waren, erfolgte im Jahr 1976 die Umsetzung des Brunnens in den »Prinzenhof« des Schlosses Cecilienhof, wo er bis heute zu finden ist.

die entsprechenden Marmorpostamente angefertigt werden mussten.[217] Die Neugestaltung des Gartens im Jahr 1904 weist interessante Parallelen zu den im selben Jahr neu eingerichteten Wohnräumen der Kaiserin im Neuen Palais auf. Erst jetzt, 15 Jahre nach dem Einzug des Kaiserpaares in das Neue Palais, trugen die von Friedrich III. und Victoria übernommenen Wohn- und Gartenräume die Handschriften Wilhelms II. und seiner Ehefrau.

Das »Teehäuschen«

Das heute kaum noch bekannte »Teehäuschen« war der private Rückzugsort des Kaiserpaares und seiner Familie. Der Gartenpavillon lag, umgeben von einer drei Meter hohen Hainbuchenhecke, östlich des Privatgartens in einem separaten Quartier. Dass der Zugang, neben einer kleinen Öffnung und seinem Wirtschaftsweg, nur durch einen Laubbogen in der Hecke möglich war, unterstrich seinen intimen Charakter. Die Innenausstattung des kleinen Fachwerkgebäudes, das nach Plänen von Reinhold Persius 1875 errichtet worden war, entsprach dem Kolonialstil der frühen Kaiserzeit. Die Wände des Innenraums hatten eine dunkelrote textile Bespannung erhalten und waren durch Leisten in einer Bambus-Imitation in einzelne Felder gegliedert. Darin befanden sich gegenüber dem Eingang vier ovale Medaillons aus Majolika mit Darstellungen der vier Jahreszeiten.[218] Ein handschriftlicher Vermerk auf der Rückseite eines der Medaillons weißt die französische Manufaktur Sèvres als Hersteller aus. Die Jahreszahl »1870/71« legt nahe, dass es sich um Trophäen aus dem deutsch-französischen Krieg handeln könnte. Zur wandfesten Innenausstattung des Pavillons heißt es im Inventarverzeichnis: »Das Paneel ist nußbaumartig gemalt, mit Bambus-Profilen versehen und mit japanischem Stoff bespannt.«[219] Zur mobilen Ausstattung gehörten u. a. »vier kleine Konsolen von Bambusrohr, vier Bambusstühle, ein Bambustisch, ein Bambusteetisch, eine Bambus-Etagere, eine Bambussofabank«[220].

Zwar war dieses intime Areal eigentlich dem Familienleben vorbehalten, durch die staatspolitische Funktion, die Wilhelm II. als Deutscher Kaiser innehatte, war der Pavillon jedoch auch Ort von Regierungsgeschäften. Der Reichskanzler, Minister und Staatsekretäre kamen hier her, um Vortrag zu halten, sodass das Teehaus eine Doppelfunktion zu erfüllen hatte. Eintragungen im Journal für den Hoffourier[221] geben darüber Auskunft, wann und aus welchem Anlass das »Teehäuschen« genutzt worden ist. Das war erstaunlich oft der Fall. Bei schönem Wetter begann der Tag des Kaiserpaares hier um 9 Uhr mit dem ersten Frühstück. War der Kaiser nicht in Potsdam, nahm Auguste Victoria hier allein mit ihren Kindern das Frühstück ein. Am 2. Juni 1899 hieß es: »9.15 Uhr erstes Frühstück, Ihre Majestät mit dem Kronprinzen, am Teehaus«[222] und am 27. Mai 1904: um »9.00 Uhr nahmen Ihre Majestät mit dem Prinzen Eitel Friedrich das erste Frühstück am Teehaus ein«[223]. In den Vormittags- und Mittagsstunden arbeitete Wilhelm II. häufiger im Garten mit Mitgliedern der Regierung oder Militärs. »Seine Majestät der Kaiser empfingen um 12 Uhr das Präsidium des Reichstages am Teehäuschen und um 1 Uhr den General der Kavallerie von Albendyll«[224], am 20. Mai 1914 den »Minister des Inneren von Loebell, Chefpräsident der Oberrechnungskammer Holtz, Unterstaatsekretär Dr. Drews«[225]. In den Nachmittagsstunden nahm das Kaiserpaar hier oft den Tee ein. Eine Teeeinladung vom 31. Mai 1912 hatte weitreichende familiäre und politische Folgen. An jenem frühen Abend begegnete der Welfenprinz Ernst August (1887–1953), Enkel des letzten Königs von Hannover, hier zum ersten Mal der Kaisertochter Victoria Luise. Die aus diesem Treffen 1913 hervorgegangene Ehe war das letzte glanzvolle Familienfest der preußischen Monarchie und führte zur Aussöhnung der seit dem deutsch-österreichischen Krieg 1866 verfeindeten Häuser Hohenzollern und Hannover.[226]

An lauen Sommerabenden bot der Platz vor dem Teehaus zudem einen idealen Ort, um das Abendessen einzunehmen. Im Gegensatz zum Frühstück, bei dem die Familie unter sich blieb, waren am Abend auch der

Blick in den Privatgarten von Westen, 1910
Der Privatgarten war überaus reich mit Bildwerken geschmückt. Bei dem 2,5 Meter hohen ostasiatischen Rauchgefäß aus Bronze soll es sich um ein Geschenk des Königs von Siam handeln. Die Büsten römischer Kaiser hatte Wilhelm II. 1904 in Italien ankaufen lassen. Durch das Laubentor in der östlichen Hainbuchenhecke bietet sich der Blick zum Teehaus.

Das »Teehäuschen«, um 1910
Das kleine Teehaus war der private Rückzugsort der kaiserlichen Familie. Die Eingangstür flankieren zwei koreanische Löwen aus Bronze, die 1902 dort aufgestellt wurden. Bei schönem Wetter nahm das Kaiserpaar hier um 9 Uhr das erste Frühstück und um 17 Uhr den Tee ein. In den Vormittagsstunden konferierte Wilhelm II. regelmäßig auf dem Platz vor dem Teehaus mit den Mitgliedern der Regierung.

Links: Familienidyll vor dem Teehaus, unbekannter Fotograf, 1913
Prinz August Wilhelm von Preußen und seine Ehefrau Alexandra Victoria präsentierten ihren sechs Monate alten Sohn Alexander Ferdinand der Kamera. Obwohl die festliche Kleidung des Prinzenpaares einen offiziellen Anlass vermuten lässt, spricht das familiäre Motiv eine andere Sprache. Diese seltene private Aufnahme ist ein Beleg für die familiäre Atmosphäre, die das Teehaus den Mitgliedern der Kaiserfamilie bot.

Rechts: Prinz Oskar (r.) mit seinem Neffen Wilhelm, Aufnahme Gräfin Lita zu Rantzau (?), 1908
Prinz Oskar, der fünfte Sohn des Kaisers, begibt sich mit seinem Neffen Wilhelm, dem ältesten Sohn des Kronprinzen, zum Tennisplatz (im Hintergrund). Die Anlage eines Tennisplatzes ging auf Kronprinzessin Victoria zurück, die bereits 1874 bei der Londoner Firma French & Co Equipment für Lawn Tennis am Neuen Palais bestellt hatte.

erweiterte Familienkreis oder Mitglieder des Hofstaates eingeladen. Am 25. Mai 1904 hatten sich beispielsweise die Kaiserin mit ihrer Schwester, Prinzessin Feodora, Prinz Eitel Friedrich und Prinzessin Victoria Luise am Teehaus zum Essen eingefunden. Mit ihnen speisten Gräfin Therese von Brockdorff (Oberhofmeisterin), Gräfin Mathilde von Keller (Hofstaatsdame), Gräfin Lita zu Rantzau (Hofdame), Alexander von Keudell (Kammerherr), Adolf Wild von Hohenborn (Adjutant Prinz Eitel Friedrich), Anne Topham, Cécile Lauru (Lehrerinnen der Prinzessin Victoria Luise) sowie Ida von Roeder (Hofdame der Prinzessin Feodora).[227]

Der nur zehn Meter tiefe Platz vor dem Teehaus war um 1870 von Kronprinzessin Victoria mit zwei Kinderskulpturen aus Majolika geschmückt worden, die mitten in Teppichbeeten von sieben Metern Durchmesser standen. Die Skulpturen wurden 1904 durch Kratervasen aus Marmor ersetzt.[228] Bereits 1902 waren dort zwei koreanische Löwen aus Bronze aufgestellt worden.[229] Seit dieser Zeit prangte über der Eingangstür ein großes Schild mit drei chinesischen Schriftzeichen: 宝 – »Kostbarkeit«, 月 – »Monate«, 楼 –»Gebäude«[230], was so viel heißt wie: Das Gebäude ist für einige Monate eine besondere Kostbarkeit. Die Aussage kann sinnbildlich für die hohe Bedeutung stehen, die das Gartenhaus während der Sommeraufenthalte für die kaiserliche Familie hatte.

Der Tennisplatz

Da der Pflegeaufwand des von Kronprinzessin Victoria um 1875 angelegten Lawn Tennis-Platzes vermutlich zu hoch war, bekam er 1901 einen asphaltierten Belag. Der Platz wurde zudem zusätzlich von einem 2,10 Meter hohen Drahtzaun umgeben. Für den Aufenthalt der Tennisspieler war am östlichen Ende ein fünfeckiges Zelt auf-

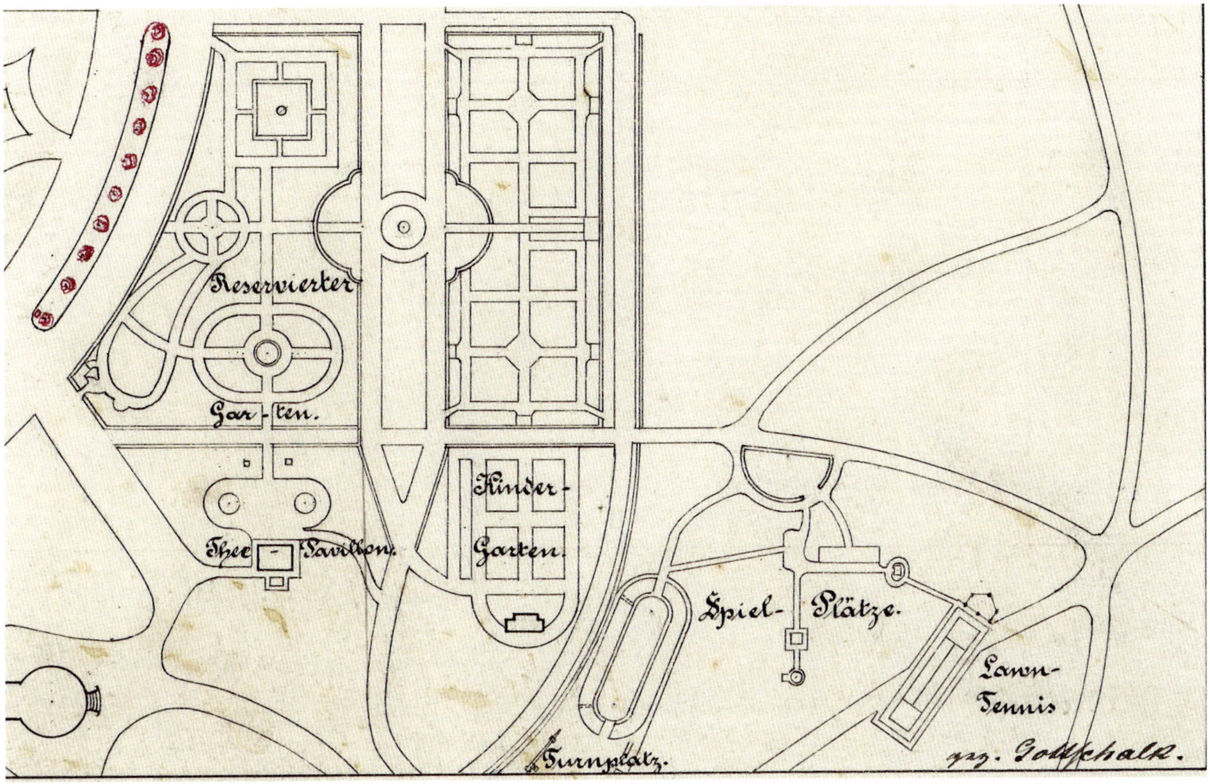

Situationsplan mit Lage des nördlichen Privatgartens und der Kinderspielplätze, nördlich des Neuen Palais, Feder, schwarz und rot, K. Gottschalk, 1889 (Ausschnitt)
Das Blatt zeigt die Lage des als »Reservierter Garten« bezeichneten Privatgartens des Kaiserpaares. Im östlichen Quartier lag der geometrische Schmuckplatz mit dem Teehaus. Im Norden schloss sich der Kindergarten mit einem Schuppen für die Gartengeräte an. 1903 wurde anstelle des Schuppens eine Teeküche errichtet. Außerhalb des Heckenquartiers waren für die Kaiserkinder Spielplätze vorhanden. Unweit davon lag die diagonal über einen Weg angelegte Lawn-Tennisanlage.

gestellt worden.[231] Bereits 1907 wurde der Belag jedoch wieder aufgebrochen und die Materialien abgefahren.[232] Die kaiserliche Familie nutzte den Tennisplatz von Mai bis Mitte November regelmäßig auch an Wochentagen. Kaiser Wilhelm II. lud Offiziere, zumeist des 1. Garde Regiments zu Fuß und des Garde Husaren Regiments, ein, mit ihm in den Nachmittagsstunden zu spielen. Das Spiel verschaffte dem Monarchen anscheinend Entspannung, da er sich unmittelbar im Anschluss nach anstrengenden militärischen Feiern, wie der Frühjahrsparade im Potsdamer Lustgarten und dem »Schrippenfest«, hierhin zurückzog. Das abgesperrte Areal, in dem sich die Tennisanlage befand, erlaubte es, vor der Öffentlichkeit zu verbergen, dass auch die Kaiserin eine leidenschaftliche Tennisspielerin war. Auguste Victoria spielte vorzugsweise dann Tennis, wenn der Kaiser auf Reisen war. Ihre Mitspieler waren die heranwachsenden Söhne, ihre Schwägerin Irene und ihre Schwester Luise Sophie.[233]

Unweit des Tennisplatzes, in Richtung Drachenhaus, lag ein Festungsmodell. Das 40 Meter breite und 15 Meter tiefe Modellfort entsprach einer Festung im Maßstab von 1:10. Die Anlage war ein Geschenk der Firma Krupp an Wilhelm II., sie diente zur Erprobung neuer Geschütztechnik im Festungsbau. Das Fort wurde unter der Leitung des Ingenieurs Julius Diener errichtet und dem Kaiser im Sommer 1893 übergeben und auch mit maßstabsgetreuer Bewaffnung ausgestattet.[234] Lange Zeit wurde die Anlage irrtümlich als Prinzenspielplatz bezeichnet, sicher begünstigt durch die räumliche Nähe zu den Turn- und Spielplätzen der kaiserlichen Prinzen. Es ist jedoch davon auszugehen, dass die Söhne Wilhelms II. die Modellanlage neben ihrer eigentlichen Argumentations- und Forschungsfunktion im Rahmen der Einführung der modernen Panzerfortifikation nur während ihrer militärischen Ausbildung zu Lehrzwecken genutzt haben.

Das Kapellenprojekt im Antikentempel

Die Neugestaltung des Privatgartens im Jahr 1904 wurde zum Anlass genommen, auch dem in unmittelbarer Nähe liegenden Antikentempel eine neue Bestimmung zu geben. Wilhelm II. beabsichtigte, das friderizianische Gebäude als Hofkapelle umbauen zu lassen, denn das Neue Palais hatte keinen eigenen Sakralraum. Im Jahr 1892 war auf Wunsch der Kaiserin durch den Umbau eines ehemaligen Dienerzimmers im südlichen Commun (I) eine Kapelle geschaffen worden,[235] die für den sonntäglichen Kirchgang genutzt wurde. Dies stellte aber keine befriedigende Lösung dar. Daher ließ der Kaiser im Herbst 1904 die Zweitfassung des Denkmals der Königin Luise von Christian Daniel Rauch, die seit 1828 im Anbau des Antikentempels platziert war, in das Hohenzollernmuseum Schloss Monbijou nach Berlin bringen. Der nun freie Raum sollte u.a. um eine Orgelempore bereichert werden, während der rechteckige Anbau zur Sakristei umgestaltet werden sollte. Der Hofarchitekt Ernst Eberhard von Ihne hatte 1904/05 entsprechende Entwürfe gefertigt. Die Einweihung der Kapelle war für den Jahrestag der Silberhochzeit des Kaiserpaares im Februar 1906 bestimmt. Als gemeinsames Silberhochzeitsgeschenk planten Mitglieder des Hofstaates wie Graf August zu Eulenburg, Hans Georg von Plessen und Fürst Max Egon II. zu Fürstenberg eine »Altar-Garnitur für die Kapelle«[236] zu überreichen. Die Planungen sind aufgrund der hohen Kosten nicht ausgeführt worden. 1913 wurde die Idee wieder aufgenommen und erneut ist von Ihne mit Entwürfen beauftragt worden. Durch den Beginn des Ersten Weltkrieges machte die Pläne endgültig zunichte.[237]

Kunstvolle schmiedeeiserne Parktore

Im Herbst 1896 erhielten die beiden seitlichen, nach Norden und Süden liegenden Einfahrten in den Schlosspark entlang der Avenue wirkungsvolle, schmiedeeiserne, acht Meter hohe Eingangsportale. Die entsprechend ihrer Umgebung später als Lindstedter- und Posttor bezeichneten Gitter waren ursprünglich 1893 als dreiteilige Anlage von der Firma Armbrüster, Frankfurt am Main, für die Weltausstellung in Chicago hergestellt worden. Das Ensemble bildete dort den Zugang zur deutschen Abteilung im Industriepalast. Kaiser Wilhelm II. erwarb die kunstvollen Gitter für den Park Sanssouci. In Potsdam wurde das Ensemble getrennt. Da mit der Aufstellung der Tore seitliche Brüstungsmauern und Anschlussgitter hergestellt werden mussten, hatte sich das Oberhofmarschallamt entschlossen, aus Kostengründen zuerst 1896 die beiden Portale am Neuen Palais aufzubauen. Das mittlere und mit einer Höhe von elf Metern größte Portal ist schließlich im Frühjahr 1897 am Haupteingang des Parks in der Nähe des Obelisken aufgestellt worden. Dafür war das alte friderizianische Gitter entfernt worden. Das Tor bot für die Touristen einen wirkungsvollen Empfang beim Besuch des Schlossparks. In den 1930er-Jahren wurde der friderizianische Zustand wiederhergestellt. Das wilhelminische Eingangsportal am Anfang der Hauptallee wurde 1932 abgebaut und schließlich im August 1939 verschrottet.[238] Die beiden anderen Tore entgingen der Entsorgung und sind am originalen Ort erhalten.

Der Jahresablauf des preußischen Hofes

Wilhelm II. verließ am Morgen jedes Neujahrstages das Neue Palais mit dem Sonderzug vom Bahnhof Wildpark aus, um sich zur Neujahrsfeier ins Berliner Schloss und dem Zeughaus zu begeben. Bereits am 2. Januar hielt sich der Kaiser allerdings wieder im Neuen Palais auf, um in der Marmorgalerie das Diner für die kommandierenden Generale zu geben. Das Kaiserpaar blieb bis Mitte Januar in Potsdam wohnen. Der Aufenthalt wurde durch kurze Reisen nach Berlin unterbrochen, so etwa am 7. Januar, dem Todestag der Kaiserin Augusta. An diesem Tag begab sich das Kaiserpaar regelmäßig nach Charlottenburg, um im Mausoleum Kränze niederzulegen. Erst die Durchführung der traditionellen Hoffeste, die

Die Sanssouci-Portale in der Weltausstellung von Chicago, 1893
Das dreiteilige Portalensemble zeigt den Zugang zur deutschen Abteilung des Industriepalastes auf der Weltausstellung in Chicago. Wilhelm II. erwarb die kunstvollen Gitter 1896 und ließ sie in den Park Sanssouci bringen. Das mittlere, 11 Meter hohe und heute verlorene Tor ist am Anfang der Hauptallee, die beiden kleineren Portale an den Seiteneinfahrten zum Neuen Palais aufgestellt worden. Entsprechend ihrer Umgebung erhielten diese beiden bis in die Gegenwart erhaltenen Zugänge die Bezeichnung Lindstedter- und Posttor.

mit dem Stiftungstag des Schwarzen Adler Ordens am 17. Januar eröffnet wurde, erforderte die dauernde Anwesenheit des Hofes in Berlin. Es folgte nun im Berliner Schloss eine dichte Abfolge von Festlichkeiten wie dem Krönungs- und Ordensfest (18.1.), dem Geburtstag des Kaisers (27.1.), der Investitur von neuen Trägern des Johanniter-Ordens, mehreren Hofbällen und Empfängen von ausländischen Staatsgästen, die jedes Jahr wiederholt wurden. Das Osterfest verbrachte das Kaiserpaar im Schloss Bellevue. Von dort fuhr die kaiserliche Familie für etwa zwei bis drei Wochen nach Schloss Bad Homburg vor der Höhe. Nachdem Wilhelm II. im Jahr 1907 von den Erben der Kaiserin Elisabeth von Österreich das Achilleion auf der griechischen Insel Korfu erworben hatte, reiste das Kaiserpaar mit der Yacht »Hohenzollern« zum Mittelmeer, um für vier Wochen das Achilleion zu bewohnen.[239] Nach der Rückkehr des Kaisers nach Deutschland hielt er sich zumeist auf Privatjagd in Ostpreußen beim Fürsten zu Dohna oder den Grafen von Dönhoff auf. Anfang Mai nahm Wilhelm II. dann seinen Aufenthalt im Neuen Palais in Potsdam, wo Ende Mai jährlich die Frühjahrsparade im Lustgarten und am zweiten Pfingstfeiertag das »Schrippenfest« auf der »Mopke« am Neuen Palais stattfand. Im Juli reiste das Kaiserpaar zur Kieler Woche. Während Wilhelm II. von dort aus mit der Yacht »Hohenzollern« zu einem kombinierten Arbeits- und Ferienaufenthalt entlang der norwegischen Küste fuhr, segelte die Kaiserin mit ihrer Yacht »Iduna« nach Dänemark. Oftmals besuchte sie dabei ihre Schwester Karoline Mathilde (1860–1932), die mit dem Herzog zu Schleswig-Holstein-Sonderburg-Glücksburg verheiratet war und im Schloss Glücksburg an der Ostsee wohnte. Anfang August residierte Wilhelm II. mit seiner Familie für vier Wochen im Schloss Wilhelmshöhe bei Kassel und im Schloss Bad Homburg vor der Höhe. Den Herbstaufenthalt nahm der Kaiser wieder im Neuen Palais, wo die Kaiserin am 22. Oktober ihren Geburtstag feierte. Von dort aus reiste der Monarch regelmäßig mit fürstlichen Gästen wie Großfürst Wladimir von Russland und Erzherzog Franz Ferdinand

Die Marmorgalerie als glanzvoller Ort von Festlichkeiten, 1911/12 (Raum 178)
Jeder Staatsgast wurde in der Marmorgalerie mit einem Galadiner geehrt. Dazu war eine lange Tafel in der Mitte des Saals aufgebaut worden, an der bis zu 80 Personen Platz fanden. Diese große Anzahl der Tafelstühle ist auf der historischen Aufnahme zu sehen. Die weißgefassten Sitzmöbel ließ Wilhelm II. mit Saffianleder beziehen. Der großflächige Teppichboden dämpfte die Schritte der Lakaien, die während des Diners die Fürstlichkeiten bedienten.

Frühstück, Diner, Abendtafel, Marschalltafel

Je nach Anlass und Tageszeit unterschied man zwischen Galadiner, Familiendiner, »erstem Frühstück«, »zweitem Frühstück«, Souper und »Abendtafel«.

Wenn europäische Fürstlichkeiten im Rahmen von Staatsbesuchen im Neuen Palais zu Gast waren, lud Wilhelm II. als Gastgeber am ersten oder zweiten Abend des Besuches zum Galadiner in die Marmorgalerie (R. 178) ein. Mit ihrer kostbaren Ausstattung in weißem, carrarischem Marmor und rotem Griotto (Rouge du Roi) gehört die Galerie zu den bedeutendsten Raumschöpfungen des friderizianischen Rokoko. Den Fenstern gegenüber sind hohe Spiegel angebracht, die den Blick in den Park reflektieren. Die in drei Felder gegliederte Decke zeigt Gemälde von Christian Bernhard Rode (1727–1797) mit den Darstellungen »Der Morgen«, »Der Mittag« und »Die Nacht«. Die reiche Dekoration des Saales bildete den glanzvollen Rahmen für alle Staatsbesuche im Neuen Palais. In der Mitte des Saales war von Nord nach Süd eine Tafel in einer Länge von 40 Metern aufgestellt, an der bis zu 80 Personen (zu jeder Seite 40 Couverts) Platz nehmen konnten. Graf zu Eulenburg gab durch das dreimalige Aufklopfen des Zeremonienstabes den im Saal befindlichen Gästen bekannt, dass das Kaiserpaar mit dem Staatsgast die Marmorgalerie betreten hatte. Den fürstlichen Zug führte eine hohe Anzahl von Pagen an. Nachdem die königlichen Gäste ihre Plätze eingenommen hatten, nahmen die Pagen hinter den Stühlen Aufstellung. Der Kaiser hatte mit dem Gast seinen Platz an der Mitte der Tafel mit dem Rücken zum Fenster, während die Kaiserin entsprechend des Hofprotokolls ihnen gegenübersaß. Serviert wurde à la russe, dabei reichten die Pagen den Gästen die Hauptgerichte auf silbernen Platten und die Zwischengerichte in Porzellanschüsseln.[244] Die Fleisch- und Fischgerichte waren bereits in der Hofküche tranchiert worden. Nachdem das Essen von der Küche durch den unterirdischen Gang in das Schloss transportiert worden war, konnte es in beheizten Metallschränken im Keller warmgehalten werden. In hohem Tempo servierten Pagen die Gerichte, dabei betraten sie die Marmorgalerie aus dem Souterrain kommend durch die nördlichste Spiegeltür. Zeitgleich mit dem Galadiner in der Marmorgalerie fand in der angrenzenden Blauen Kammer (R. 179, Abb. S. 132) die sogenannte Marschalltafel statt, an der die Mitglieder der Hofstaaten und Militärangehörige ihr Essen einnahmen.

Das tägliche Leben der kaiserlichen Familie war von Tradition und Ritualen geprägt, das betraf auch die Einnahme von Mahlzeiten. Der Apollosaal (R. 161, Abb. S. 133) war das Speisezimmer der kaiserlichen Familie. Hier wurden täglich das Mittagessen sowie das Abendessen eingenommen. Eine in die Mitte des Raumes platzierte ovale Tafel diente als Esstisch. In der östlichen Wandvertäfelung hatten um 1860 bereits die Eltern Wilhelms II. eine Tapetentür eingelassen, die in den benachbarten »Anrichteraum« (R. 160) führte, in dem das Essen vorbereitet wurde. Nachträglich eingebaute Wandschränke in diesem Raum dienten zur Aufbewahrung von Porzellan und Servierplatten. Der Anrichteraum grenzte nach Norden an ein Treppenhaus, das mit einer Holzstiege in den Keller hinab führte. Dort lagen ein weiterer Anrichteraum und die Abwaschküche sowie die Mündung zum unterirdischen Gang, durch den man in die Schlossküche gelangte. Das Mittagessen nahm das Kaiserpaar mit seiner Familie und Gästen allein ohne Gefolge ein. Zum Abendessen wurde der Teilnehmerkreis um die Mitglieder des Hofstaates erweitert, sodass im Apollosaal bis zu 20 Personen beköstigt wurden. Der ovale Tisch wurde nun gegen eine größere Tafel ersetzt, die in Form eines Hufeisens aufgebaut wurde.

Für die Marschalltafel gab es im Neuen Palais keinen festgelegten Raum, sie fand in verschiedenen Zimmern des weitläufigen Schlosses statt. Dabei war das Vorzimmer der Heinrichwohnung (R. 157), der »Fürstenwohnung nach dem Sandhof«, der Ort, an dem die Tafel am häufigsten stattfand. Dafür gab es praktische Gründe: Der Raum lag in der Nähe zum Apollosaal und zum Anrichteraum, auch die im Keller liegende Abwaschküche war über die benachbarte Dienerschaftstreppe problemlos zu erreichen. Wenn die »Fürstenwohnung nach dem

Die Blaue Kammer, 1911/12 (Raum 179)
Die Blaue Kammer diente bei Festessen in der Marmorgalerie als Raum für die Marschalltafel. Hier speisten die Angehörigen der fürstlichen Hofstaaten und hohe Offiziere. Zumeist saßen die Gäste an drei ovalen Tafeln zu je zehn Personen. Zum Wandschmuck des ersten Vorzimmers der Wohnung Friedrichs des Großen gehörten bedeutende Gemälde des 17. und 18. Jahrhunderts.

Rechte Seite: Der »Apollosaal«, 1911/12 (Raum 161)
Der Apollosaal war das Speisezimmer der kaiserlichen Familie. Hier wurde täglich um 13 Uhr das Mittagessen, als »zweites Frühstück«, sowie um 20 Uhr das Abendessen eingenommen. Der am linken Bildrand zu sehende Paravent verdeckt eine kleine Tapetentür, die in das Anrichtezimmer führt, in dem das Essen vorbereitet wurde. Namensgeber für den Raum war der Sonnengott Apoll, dessen Porträts die vergoldeten Spiegelrahmen bekrönen.

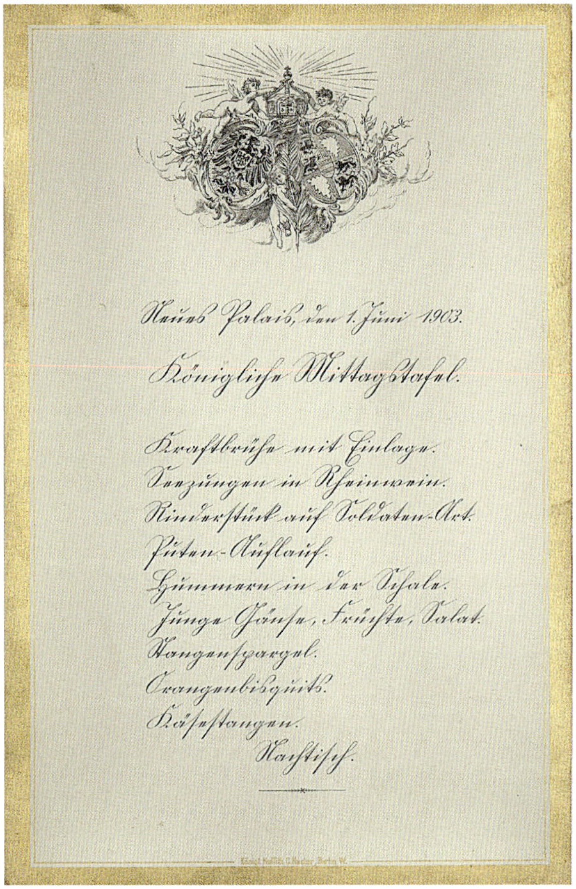
Neues Palais, den 1. Juni 1903.

Königliche Mittagstafel.

Kraftbrühe mit Einlage.
Seezungen in Rheinwein.
Rinderstück auf Soldaten-Art.
Puten-Auflauf.
Hummern in der Schale.
Junge Gänse, Früchte, Salat.
Stangenspargel.
Orangenbisquits.
Käsestangen.
Nachtisch.

Speisekarte für ein Mittagsmenü der königlichen Familie, 1. Juni 1903
Die Auswahl des Menüs lag in der Verantwortung des Küchenmeisters, der sich mit dem Ober-, Hof- und Hausmarschall abstimmen musste. Erst dann erfolgte die Vorlage beim Kaiser oder der Kaiserin. Die Menükarte steht beispielhaft für die reichhaltige Speisefolge des wilhelminischen Hofes. Die Karte schmückt das Allianzwappen Preußens und Schleswig-Holsteins. Es symbolisiert den Hausherren Wilhelm II. und seine Ehefrau Auguste Victoria.

Sandhof« von Gästen des Kaisers bewohnt wurde, fand die Marschalltafel im ehemaligen Speisezimmer der Kaisersöhne (R. 358) in der zweiten Etage statt.

Bei festlichen Anlässen, wie dem Geburtstag der Kaiserin und dem Weihnachtsfest, wurde der Ort gewechselt. Die Tafeln fanden nun im »Gobelinzimmer« der Unteren Roten Kammern (R. 184) oder in der Blauen Kammer (R. 179), dem ersten Vorzimmer der Königswohnung, statt. Die kostbare Ausstattung dieser beiden Räume und ihre exponierte Lage in der Nähe der Königswohnung betonten den feierlichen Charakter der Feste.

Wilhelm II. und seine Ehefrau schätzten es, das Abendessen in den Sommermonaten bei warmem Wetter in der Umgebung Potsdams einzunehmen. Dabei wählten sie landschaftlich reizvoll gelegene Wohnsitze von Familienmitgliedern des 18. und 19. Jahrhunderts. An diesem Essen nahmen auch immer die Mitglieder des Gefolges teil. Bevorzugte Orte waren das Marmorpalais, die Schlösser Charlottenhof und Babelsberg, die Belvedere auf dem Pfingst- und auf dem Klausberg, die Terrasse des Schlosses Sanssouci, die »Villa Alexander«[245] sowie die Pfaueninsel, die von der Matrosenstation Kongsnæs aus mit der Dampfyacht »Alexandria« erreicht wurde.[246]

Speisen und Geschirr wurden in Küchenwagen mitgeführt, von denen es mehrere gab. Das Essen und sämtliche Gläser, Porzellane und das Silber konnten in ihnen bequem transportiert werden. Als äußerst praktikabel erwies sich außerdem, dass die Schübe des Küchenwagens die gleichen Maße wie die Schränke in der Hofküche hatten, sodass diese nur ausgetauscht werden mussten.[247]

Alltag im Neuen Palais

Neben den zahlreichen Staatsgästen, die im Neuen Palais empfangen wurden und wohnten, sowie den glanzvollen Banketten und Konzerten, den Arbeitsbesuchen des Reichskanzlers, der Minister und Staatssekretäre war das Neue Palais auch der Ort des kaiserlichen Familienlebens.

In den 1890er-Jahren fanden im Grottensaal (R. 177) und im Billardzimmer (R. 164) regelmäßig »Bierabende« statt. Dabei orientierte sich Wilhelm II. an der Tradition des sogenannten Tabakskollegiums, das König Friedrich I. (1657–1713) im frühen 18. Jahrhundert im Berliner Schloss begründet hatte. Eingeladen waren 40 Generale und Offiziere, die gemeinsam mit dem Kaiser Bier tranken, rauchten und Konversation betrieben. Der Abend wurde mit einem Vortrag eröffnet, den der Kaiser im Billardzimmer hielt. Anschließend begab sich die Herrengesellschaft in den Grottensaal, wo an ovalen Tischen Platz genommen wurde. Als Imbiss gab es »feine Brötchen«, gebackene Austern, kalten Rehrücken und

Rechte Seite: Teilaufnahme des Grottensaals, 1911/12 (Raum 177)
Die ungewöhnliche Gestaltung mit Tausenden Muscheln und kostbaren Minerale gab dem Grottensaal seinen Namen. In der Regierungszeit Wilhelms II. wurde er vielfältig genutzt. Bei Staatsbesuchen empfing die Kaiserin hier den fürstlichen Gast, bei privaten Feiern, wie dem Heiligen Abend, bildete der Saal mit seiner märchenhaften Dekoration das Zentrum des weihnachtlichen Familienlebens.

Teilaufnahme des Tamerlanzimmers, 1911/12 (Raum 165)
Das Gemäldekabinett war ein wichtiger Ort für protokollarische Veranstaltungen. Wilhelm II. hielt hier die Kronratsitzung ab und empfing Botschafter zur Antritts- bzw. Abschiedsaudienz. Das Tamerlanzimmer war das erste Vorzimmer des Unteren Fürstenquartiers. Seine Bezeichnung geht auf das großformatige Gemälde »Tamerlan und Bajazet« des italienischen Malers Andrea Celesti zurück, das die gesamte Westwand schmückt (nicht im Bild).

Pute. Bier und Champagner standen in Karaffen auf den Tischen. Die Kaiserin war bei diesen Männergesellschaften nicht zugegen. Sie verließ das Neue Palais an diesen Abenden, um zum Beispiel in der Berliner Philharmonie ein Konzert zu besuchen.[248]

Es ist bemerkenswert und heute weitestgehend in Vergessenheit geraten, auf welche Weise die Gesellschaftsräume im Erdgeschoss des Nordflügels (R. 161–165) regelmäßig und vielfältig genutzt wurden. Dem Tamerlanzimmer (R. 165) kam eine hohe protokollarische Funktion zu. Wilhelm II. folgte damit einer Tradition des 18. Jahrhunderts, als das Vorzimmer ein Ort war, in dem der Monarch hochrangige Personen traf. Der Kaiser hielt hier die Kronratsitzung ab,[249] empfing das Präsidium des Reichstages[250] und verschiedene Diplomaten, wie den spanischen und den türkischen Botschafter zur Abschiedsaudienz;[251] die beiden britischen Botschafter Frank Lascelles (1895)[252] und Sir Eduard Goschen (1908) zur Antrittsaudienz mit der Überreichung ihrer Beglaubigungsschreiben. Die Kaiserin ließ es sich nicht neh-

Teilaufnahme der Roten Damastkammer, 1911/12 (Raum 164)
Dieser Gesellschaftsraum war das Billardzimmer Wilhelms II. Hier hielt sich der Monarch in den Abendstunden gemeinsam mit seinem militärischen Gefolge auf. Zur Einrichtung gehörte neben mehreren Spieltischen seit 1890 ein Billard. Der Tisch war aus Eichenholz mit bronzierten Leisten gearbeitet und ruhte auf einem vergoldeten Gestell. Am Geburtstag der Kaiserin fand in diesem Raum die Gratulationscour der kaiserlichen Familie statt.

men, Goschen an jenem 20. November 1908 ebenfalls im Tamerlanzimmer zu begrüßen. Am selben Tag war noch ein anderer britischer Gast im Haus. Der in London lebende ungarische Maler Philip Alexius de László (1869–1937) arbeitete zu jener Zeit in den Unteren Roten Kammern des Neuen Palais an einem lebensgroßen Bildnis der Kaiserin,[253] das später zu ihren populärsten Darstellungen zählen sollte. Auguste Victoria unterbrach die dafür anberaumte Porträtsitzung, um den Botschafter empfangen zu können.[254]

Zur Vorbereitung der glanzvollen Ballsaison, die jährlich ab Mitte Januar im Berliner Schloss mit dem Krönungsfest eröffnet wurde, fanden im Schildersaal (R. 254, Abb. S. 141) für die Kinder des Kaisers Tanzproben statt. Unter der Leitung der Ballettmeisterin Marie Wolden von der königlichen Hofoper Unter den Linden wurden das Prinzenpaar August Wilhelm und Alexandra Victoria, die Prinzen Oskar und Joachim sowie deren Schwester Victoria Luise in die Tanzkunst der Menuetts, Gavotten, Françaisen, Polonaisen und Quadrillen einge-

Das Tressenzimmer, 1911/12 (Raum 163)
Kaiser Friedrich III. nutzte in den 1860er-Jahren das Gesellschaftszimmer als Kapelle. Fünf seiner acht Kinder wurden hier getauft. Der Eckschrank der Gebrüder Spindler sowie die Bodenstadtuhr von Johann Melchior Kambly gehören zur originalen Ausstattung des Neuen Palais. Der Konzertflügel unter den Gemälden war ein Geschenk des Hofstaates zur Silberhochzeit des Kronprinzenpaares 1883. Der reiche, goldene Tressenbesatz auf der roten Wandbespannung gab dem Raum seinen Namen.

führt.[255] Die Tochter des Kaisers erinnerte sich später an die Tanzstunden: »Wollten die Proben nicht gelingen oder stellte sich gar Schwatzen und Kichern ein, dann zog Frau Wolden ein Register, das man sonst […] nicht kannte, sie wurde grob. […] Hatte sie einmal zu viele Schwierigkeiten, griff Frau Wolden zu ihrem letzten Mittel. Sie verkündete mit einer Stimme, der es an Entschlossenheit nicht eben mangelt: ›Wenn die jungen Herrschaften eben nicht lernen wollen, gut, dann werde ich mein Amt niederlegen. Ich werde sofort Seine Majestät davon in Kenntnis setzen.‹«[256] Die harten Unterrichtsmethoden führten schließlich zum gewünschten Erfolg. Der Grottensaal eignete sich mit seinen Tausenden von kostbaren Minerale, seinen Drachen- und Delphindarstellungen aus Muscheln hervorragend als Ort von Kindervergnügungen. Am Nachmittag des 27. November 1892 fand im Festsaal für die vier ältesten Kaisersöhne eine Zaubervorstellung »in der Magie der Fräulein Orlowa« statt. Neben den Prinzen waren auch 50 Kinder von Angehörigen des Hofstaates eingeladen.[257]

Teilaufnahme des Tressenzimmers, 1911/12 (Raum 163)
Das Gemälde Friedrichs II. in dem reich geschnitzten Rahmen schuf der schwedische Maler Lagerström 1896. Das daneben angeordnete Jugendbildnis Friedrichs gehört zu einer Serie von Porträts, die Georg Lisiewski von den Kindern des »Soldatenkönigs« Friedrich Wilhelms I. schuf. Die Bronzebüste Kaiser Friedrichs III. von Joseph Upheus erinnert an den Vater Wilhelms II., der im Neuen Palais 1831 geboren worden war und 1888 auch dort starb. Die Flügeltür führt in den »Apollosaal«, das Speisezimmer der kaiserlichen Familie.

Die märchenhafte Dekoration des Saals wird auch der Grund dafür gewesen sein, dass die Kaiserin in den 1890er-Jahren mehrfach Schülerinnen des damals noch in Charlottenburg befindlichen Kaiserin Augusta Stiftes[258] einlud. Die 60 Mädchen wurden gemeinsam mit der Oberin und zwei Erzieherinnen am Bahnhof Wildpark mit Pferdewagen abgeholt und zum Neuen Palais gebracht, wo die Kaiserin sie im Grottensaal empfing. Anschließend konnten die Schülerinnen hier spielen und – begleitet von einem Pianisten des 1. Garde Regiments zu Fuß – tanzen, ehe Auguste Victoria zu Kaffee und Kuchen in die benachbarte Marmorgalerie einlud. Die Kinder saßen an einer langen Tafel, an der sie im Beisein der Kaiserin und ihrer Söhne mit Kaffee, Kakao, Tee, Kuchen, Sandwiches und Apfelsinen bewirtet wurden. Am Nachmittag folgte noch ein straffes Besichtigungsprogramm, bei dem nicht nur die »unteren Räume des Neuen Palais«, sondern auch die Wohnungen Friedrichs des Großen im Schloss Sanssouci und das Potsdamer Stadtschloss besucht wurden.[259]

Teilaufnahme des Tressenzimmers, 1911/12 (Raum 163)
Die weiße Marmorbüste Auguste Victorias, die Reinhold Begas 1892 schuf, zeigt die Kaiserin in einem schulterfreien Kleid. Durch den Verzicht auf jegliche Hoheitszeichen präsentiert sich die fromme Landesmutter als Personifikation des Weiblichen. Gegenüber der Marmorbüste hatte die Bronzebüste ihres Schwiegervaters Kaiser Friedrichs III. Aufstellung gefunden. Das Aquarell von Paul Bürde zeigt das Kapitel des »Schwarzen Adler Ordens« im Rittersaal des Berliner Schlosses. Die geöffnete Flügeltür erlaubt einen Blick in das Billardzimmer.

Rechte Seite: Der »Schildersaal«, 1911/12 (Raum 254)
Das Obere Vestibül führte den Namen »Schildersaal«, da nach dem Hoffest »Der Zauber der weißen Rose« im Juli 1829 hier die Schilde und Fahnen des mittelalterlichen Ritterturniers ausgestellt waren. Als die Bedeutung des Festes verblasste, wurden die Erinnerungszeichen in den Turnsaal verbracht. Wilhelm II. nutzte das Vestibül für kleinere Hofbälle; außerdem erhielten die Kaiserkinder hier ihre Tanzstunden. Bei Galadiners im benachbarten Marmorsaal wurde die Marschalltafel im »Schildersaal« abgehalten.

Familienbild anlässlich der Taufe der Prinzessin Victoria Margarete, Fotografie von Selle & Kuntze, 4. Juni 1890
Wilhelm II. lud seine Familie anlässlich der Taufe des ersten Kindes seines Schwagers Friedrich Leopold zu einem Diner in das Neue Palais ein. Nachdem die kirchliche Feier im Potsdamer Stadtschloss beendet war, hatte sich die Festgesellschaft zum Wohnsitz des Kaisers begeben. Die Mutter des Täuflings (im dunklen Kleid) mit Baby Victoria Margarete, r. Irene mit Waldemar. Stehend v. r. Wilhelm II. mit Oskar, Heinrich, Auguste Victoria mit Nichte Helene, Karoline Mathilde mit Adelheid. Davor in Matrosenanzügen die Söhne des Kaisers.

Das Kaiserpaar in der Marmorgalerie des Neuen Palais, Fotografie von Wilhelm Niederastroth, Dezember 1910
In selbstbewusster Pose präsentiert sich der Kaiser in der Hofjagduniform für eine der vielen fotografischen Porträtaufnahmen. Wilhelm II. nutzte das Medium der Fotografie wie kein anderer Monarch seiner Zeit zur Selbstdarstellung. Die Marmorgalerie bildete – mit ihrer kostbaren Innenausstattung – den eindrucksvollen Rahmen für eine wirkungsvolle Darstellung des Kaisers und seiner Ehefrau Auguste Victoria.

Prinzessin Victoria Luise als Chef des 2. Leibhusaren-Regiments »Königin Viktoria von Preußen«, Nr. 2, Fotografie von Kaiserin Auguste Victoria, 22. Oktober 1909
Stolz präsentierte sich die Kaisertochter auf der Gartenterrasse des Neuen Palais als Chef des 2. Leibhusaren Regiments. Die Prinzessin empfing die Offiziere des Regiments, unter ihnen (l. außen) Kommandeur August von Mackensen. Wilhelm II. hatte seine Tochter am 22. Oktober 1909, dem 50. Geburtstag der Kaiserin, zum Regimentschef ernannt.

Erinnerung an Kaiser Friedrich III., Fotografie von Wilhelm Niederastroth, 15. Juni 1913
Anlässlich der 25. Wiederkehr des Todes Friedrichs III. trafen sich die Nachkommen des 99-Tage-Kaisers zu einem Familientreffen. Als Ort für das Gruppenfoto wurde bewusst diese Stelle ausgewählt, da der sterbende Kaiser hier in seinen letzten Lebenstagen häufig auf einer Chaiselongue gebettet den Ausblick in den Garten genossen hatte (vgl. S. 46 oben). Neben den Kindern und Schwiegerkindern Wilhelms II. kamen auch die Töchter und der zweite Sohn Friedrichs III. mit ihren Ehepartnern nach Potsdam. Die schwarze Kleidung der Damen nimmt Bezug auf das Ereignis.

Das »Schrippenfest« auf der Mopke, Fotografie von Ernst Eichgrün, 12. Mai 1913
Die Festgesellschaft, an dessen Spitze sich der Kaiser mit seinen Söhnen befand, begibt sich unter den Klängen der Kaiserhymne »Heil Dir im Siegerkranz« zum Neuen Palais. Die Soldaten des Lehr-Infanterie-Bataillons speisen unterdessen an langen Tafeln, die vor dem Kolonnadenbogen aufgestellt sind. Zur Speisefolge, die aus Schmorbraten mit Salzkartoffeln bestand wurden Schrippen gereicht, die dem Stiftungsfest bald den Namen »Schrippenfest« gaben.

Der Geburtstag der Kaiserin Auguste Victoria

Am 22. Oktober beging die Kaiserin ihren Geburtstag im Neuen Palais. Im Gegensatz zum Geburtstag des Kaisers, der am 27. Januar im ganzen Reich mit Militärparaden und Festansprachen gefeiert wurde, verbrachte Auguste Victoria das Fest eher im privaten Kreis. Einige Familienmitglieder reisten an, um ihre Glückwünsche persönlich zu überbringen. Dazu gehörten in den Jahren nach 1900 die Tochter Kaiser Wilhelms I., Großherzogin Luise von Baden (1838–1923), die jüngste Schwester Auguste Victorias, Prinzessin Feodora zu Schleswig-Holstein sowie der Bruder Wilhelms II., Prinz Heinrich von Preußen und dessen Sohn Waldemar (1889–1945).

Der Tag begann um 8.30 Uhr mit einem Hausgottesdienst in der Kapelle im Commun I, anschließend frühstückte das Kaiserpaar im »Apollosaal« (R. 161). Der Tisch war an diesem Tag von den Gärtnern mit einer Blumengirlande in den Farben und mit Früchten des Herbstes besonders festlich geschmückt. Jedes Jahr um 11 Uhr versammelte sich die Familie im Tamerlanzimmer (R. 165), um ihre Glückwünsche zu übermitteln. Anschließend folgten die Mitglieder der Hofstaaten. Die Geschenke waren unter der Anleitung des Kaisers bereits am Morgen um 8 Uhr im »Billardzimmer« (R. 164) aufgebaut worden.[267] Die Kaiserin wurde überaus reich beschenkt. Der Wert der Geschenke richtete sich nach dem sozialen Stand des Schenkenden. Im Jahr 1912 überreichte Wilhelm II. seiner Ehefrau »ein Diadem mit Smaragden, drei Knöpfe mit Brillanten besetzt, eine seidene Spitzenbluse, einen Plüsch-Pelzmantel sowie zwölf verschiedene Hüte«. Der Kronprinz schenkte seiner Mutter »eine silberne Dose in Herzform im Etui«, seine jüngeren Geschwister, so August Wilhelm, »eine blaue Irisvase«, Oskar ein gerahmtes Fotoporträt, Joachim eine Armbanduhr, Victoria Luise einen Lampenschirm aus buntem Stoff. Die Hofdamen der Kaiserin hatten bestickte Kissen als Präsente angefertigt und die Ehefrau des Hofgärtners Nietner überreichte jedes Jahr eine selbst gebackene »Sandtorte«.[268] Als sich die Familie um 13 Uhr zum »zweiten Frühstück« traf, spielte während des Essens vor den Fenstern des Apollosaales die Musikkapelle des Garde du Corps ein Geburtstagsständchen. Erst am Abend traf sich die Familie um 20 Uhr zu einem großen Diner in der Marmorgalerie wieder. Für 120 bis 140 Personen waren Einladungen ausgesprochen worden, dazu zählten alle Mitglieder der in Potsdam und Berlin wohnenden Hohenzollernfamilie sowie deren Gefolge. Um die große Zahl der Gäste platzieren zu können, wurden anstelle der langen Tafel 14 runde Tische für je zehn Personen aufgestellt. Als Auguste Victoria am 22. Oktober 1909 ihren 50. Geburtstages feierte, bestand das Menü aus folgenden Köstlichkeiten: »Wildsuppe, Steinbuttenschnitten auf Königliche Art, Lammcoteletten mit Champignonpurée, Wachteln in Gallert, Salat, Esterhazy-Bombe, Obst«. Dazu wurden Weiß- und Rotwein sowie Champagner gereicht.[269] Als Höhepunkt und Ausklang des Geburtstages folgte im Grottensaal eine musikalische Soirée mit Solisten der Berliner Hofoper. Dazu gehörte neben der Amerikanerin Geraldine Farrar (1882–1967)[270] auch die von Wilhelm II. überaus

Geburtstagsständchen für die Kaiserin, 22. Oktober 1909
Die Gratulationscour der Familie war soeben beendet worden, als sich die Gesellschaft für ein Gruppenfoto auf die Gartenseite begab. Während das Musikkorps des Regiments der Garde du Corps ein Geburtstagsständchen spielte, hielt die Kaiserin die Gesellschaft im Bild fest. Außer den Kaiserkindern nahm Großherzogin Luise von Baden (l. außen) und Prinz Georg von Griechenland (r. außen, 1. Reihe) an dem privaten Fest teil.

Weihnachtsgans. Im Anschluss wurden »Mince Pies«, ein süßes Mürbegebäck mit einer Rosinen- und Apfelfüllung, gereicht. Die Mutter Wilhelms II., Kaiserin Victoria, hatte aus ihrer englischen Heimat die Pasteten am preußischen Hof etabliert. Eine weitere Tradition, die Victoria begründet hatte, war das Servieren von Christmas Pudding. Kaisertochter Victoria Luise erinnerte sich, dass der Pudding »mit Alkohol übergossen und brennend hereingetragen wurde. Jeder war darauf bedacht, dass auch sein Stück brannte, da man sagte, das bringe Glück.«[281] Sobald das Leuten der Glocke verkündete, dass die Bescherung bevor stand, begab sich die Festgesellschaft zum Grottensaal. Nach dem Öffnen der Flügeltür um Punkt 16.45 Uhr bot sich ein beeindruckender Anblick, da durch die Reflektion Kerzenlichts an den Christbäumen ein besonderer Zauber entstand. »An unseren Tischen angekommen, hieß es noch einmal warten, bis die Eltern jedem einzelnen seine Geschenke überreichten.«[282]

Über die Geschenke, die der Kaiser und die Kaiserin erhielten, sind wir durch Aufzeichnungen des Oberhofmarschallamtes genau informiert. 1903 bestand die Liste der Geschenke für Wilhelm II. aus 43 Einzelpositionen. Dazu gehörten ein »Jagdgewehr mit aufgeschraubtem Fernrohr«, zwei »große blaue Vasen mit Tannenmalerei« (vom Zaren von Russland), zwei »Deckelvasen (Delft-Muster) mit Engelmalerei« (vom Großherzogpaar von Baden), eine Garnitur (fünf Stück) goldene Manschettenknöpfe, mit der Kaiserstandarte«, ein »Hemdenknopf mit Etui, großer Opal«, eine versilberte, innen vergoldete Zigarettendose, eine »Marmorfigur auf schwarzem Grund, Friedrich den Großen darstellend«, ein Hafenbild in Goldrahmen (von Prof. Carl Saltzmann), eine gerahmte Bleistiftzeichnung des Reichskanzlers Bernhard von Bülow, mehrere englische Bücher, darunter ein Buch über Königin Victoria.[283] Die Geschenke für die Kaiserin waren ähnlich zahlreich wie die ihres Mannes. Im Jahr 1903 erhielt Auguste Victoria zehn Zobel, »drei Pakete« Chinchilla-Pelze, einen Nerzkragen, eine Boa aus weißen Straußenfedern sowie einen goldenen Schirmstock mit großem Opal (alle von Wilhelm II.), einen Fächer mit dem Bildnis der Prinzessin Victoria Luise (von Gräfin von Brockdorff), zwei große Straußenfedern (von Prinz Adalbert), eine Bleistiftzeichnung mit dem Porträt des Prinzen Adalbert (von Claire von Gersdorff), einen »Photographische[n] Apparat mit Holzstativ« sowie einen Hand-Atlas von Stieler.[284]

An der Bescherung nahmen die Hofdamen der Kaiserin, die Herren des Gefolges des Kaisers sowie die Erzieherinnen und Gouverneure der Kinder teil. Ein besonderer Effekt wurde mit dem Anzünden der Kronleuchter und Weihnachtsbäume im Grottensaal geboten. Alle am Kronleuchter aufgesteckten Wachskerzen waren durch einen langen Docht miteinander verbunden, sodass die Lampiers nur eine Kerze anzünden mussten, im Dominoeffekt erfolgten dann das Abbrennen des Dochtes und das Anzünden jeder einzelnen Kerze. Am Weihnachtsabend waren die Christbäume mit den Kronleuchtern verbunden worden, sodass das Kerzenlicht auf die Bäume übergeleitet wurde – ein einzigartiges Schauspiel. Gegen 19.15 Uhr zogen sich die Familie und das Gefolge zurück. Aber schon um 20.30 Uhr traf das Kaiserpaar mit seinen Gästen zu einer zweiten Abendtafel im Grottensaal wieder zusammen. Der Heilige Abend wurde schließlich gegen 23 Uhr beschlossen.

Der Besuch eines Gottesdienstes fand traditionell erst am 25. Dezember statt. Die kaiserliche Familie begab sich mit Kutschen, später Automobilen, zur Garnisonkirche in Potsdam oder der Friedenskirche im Park Sanssouci. Nach dem Gottesdienst gingen sie bei gutem Wetter zu Fuß in das Neue Palais zurück und widmeten sich dem weihnachtlichen Familienleben.

Die letzte Hohenzollernhochzeit

Das imposante Neue Palais bildete in der Regierungszeit Wilhelms II. zwei Mal den glanzvollen Rahmen von Hochzeiten im Kaiserhaus. Zwei Familienmitglieder schlossen in den Jahren 1910 und 1913 hier den Bund fürs Leben. Am 8. Juni 1910 vermählte sich Prinz Friedrich Wilhelm von Preußen (1880–1925) mit Prin-

zessin Agathe von Ratibor (1888–1960) aus dem Hause Hohenlohe-Schillingsfürst. Der Bräutigam gehörte den Hohenzollern als Mitglied der Prinz Albrecht-Linie als einer jüngeren Nebenlinie des Hauses an. Hier liegt auch der Grund, warum die Feierlichkeiten nicht im Berliner Schloss, der Hauptresidenz der Dynastie, stattfanden. Ähnlich verhielt es sich bei der zweiten Vermählung. Am 17. Mai 1913 gaben sich Prinzessin Victoria Margarete von Preußen und Prinz Heinrich XXXIII. Reuß j.L. im Neuen Palais das Eheversprechen. Auch hier gehörte die Braut als Urenkeltochter des Prinzen Carl einer jüngeren Hohenzollernlinie an. Bei dieser Hochzeit muss auch berücksichtigt werden, dass das Berliner Schloss als Ort der Zeremonie nicht zur Verfügung stand, da hier bereits die Vorbereitungen für die am 24. Mai 1913 stattfindenden Hochzeitsfeierlichkeiten für Prinzessin Victoria Luise auf Hochtouren liefen. Dennoch war der Vater der Braut, Prinz Friedrich Leopold, mit dem Neuen Palais als Ort der Trauung nicht zufrieden und sprach von einer »Hochzeit zweiter Güte«[285].

Die Potsdamer Feierlichkeiten setzten sich aus drei Programmpunkten zusammen. Sie begannen mit der Unterzeichnung der Ehepakte im Apollosaal (R. 161), es folgte die kirchliche Trauung in der Marmorgalerie (R. 178) und den Abschluss bildete das Galadiner im Marmorsaal (R. 256).

In den Mittagsstunden des 17. Mai wurde die Braut aus ihrem Elternhaus, dem Jagdschloss Glienicke, mit dem Automobil abgeholt. Nach der Ankunft am Neuen Palais schritt Wilhelm II. gemeinsam mit Victoria Margarete die 4. Kompanie des 1. Garde Regiments zu Fuß ab, die als Ehrenkompanie an der Gartenseite Aufstellung genommen hatte. Im Neuen Palais waren 300 geladene Gäste entsprechend ihres Ranges in den Gesellschaftsräumen des Erdgeschosses versammelt. Der größte Teil der Festgesellschaft begab sich in die Marmorgalerie. Im Grottensaal warteten die Mitglieder der königlichen Familie, der Saal war zuvor festlich dekoriert worden. Die Marmoreinfassungen der Fontainenbecken waren mit Grünpflanzen und Schnittblumen in den Farben blau

Die letzte Hohenzollernhochzeit im Neuen Palais, Fotografie von Ernst Eichgrün, 17. Mai 1913
Wilhelm II. schreitet gemeinsam mit der Braut, Prinzessin Victoria Margarete von Preußen, die Ehrenkompanie des 1. Garderegiments zu Fuß ab. Kurz zuvor war die Nichte des Kaisers mit dem Automobil aus dem Jagdschloss Glienicke am Neuen Palais vorgefahren. Das Abschreiten der Front auf der Gartenterrasse bildete den Auftakt der Feierlichkeiten.

Die Marmorgalerie als Hochzeitskapelle, Fotografie von Wilhelm Niederastroth, 17. Mai 1913
Als sich Prinzessin Victoria Margarete von Preußen mit Prinz Heinrich XXXIII. Reuß j.L. im Neuen Palais vermählte, wurde die Marmorgalerie in eine provisorische Kapelle umgewandelt. Vor dem Altartisch lag der Teppich, auf dem seit 1878 jede preußische Prinzessin getraut wurde. Wie bei allen kirchlichen Feiern der Hohenzollern hatte auch dieses Mal die zeitgenössische Kopie des Correggio-Gemäldes »Christus mit der Dornenkrone« aus der Bildergalerie über dem Altar seinen Platz gefunden.

und weiß geschmückt. Ab 11.30 Uhr wurden die Fontainen angestellt. Im »Billardzimmer« (R. 164) hatten sich die Hofstaaten des Kaiserpaares und im Tressenzimmer (R. 163) das Gefolge des Brautpaares eingefunden. Die Zeremonie begann, als Beamte des Hausschatzes in Begleitung eines Offiziers und zwei Mann vom Regiment der Garde du Corps, die preußische Prinzessinnenkrone[286] in das »Tassenkopfzimmer«[287] (R. 162) brachten. Kaiserin Auguste Victoria setzte der Braut unter Assistenz der Oberhofmeisterin Gräfin von Brockdorff, die Krone aufs Haupt. Ein seltener königlicher Akt, der nur bei Vermählungen zelebriert wurde. Der silberne Spiegel des Toilettentisches, an dem die Braut Platz genommen hatte, war mit Myrtenzweigen und Blumen dekoriert.[288] Im benachbarten »Apollosaal« (R. 161) unterzeichnete das Brautpaar in Anwesenheit des Kronprinzenpaares und der Eltern des Brautpaares den Heiratsvertrag, die sogenannten Ehepakte. Der Vertrag regelte die zukünftige finanzielle und rechtliche Stellung Victoria Margaretes sowie die ihrer aus der Ehe hervorgehenden Kinder in wichtigen Punkten. Anschließend nahm Graf August zu Eulenburg die standesamtliche Trauung vor. In der Zwischenzeit hatten sich die im Grottensaal (R. 177) wartenden Mitglieder der königlichen Familie zu den übrigen Gästen in die Marmorgalerie (R. 178) begeben, die als Kapelle eingerichtet war. Der Altar hatte seinen Platz am mittleren Pfeiler der Fensterseite gefunden. An seiner Rückwand, die eine rote Samtbespannung erhalten hatte, befand sich die zeitgenössische Gemäldekopie des italienischen Malers Antonio da Coreggio »Christus mit der Dornenkrone« aus der Bildergalerie.[289] Das Gemälde, das für die königliche Familie ein »Symbol des Glaubens« war, wurde traditionell bei allen kirchlichen Feiern im Hohenzollernhaus verwendet.[290] Das Kruzifix und die silbernen Leuchter hatte das Kaiserpaar von seinem Hofstaat zur Silberhochzeit im Februar 1906 zum Geschenk erhalten. Da zwei der sechs Fenster mit rotem Stoff zugehängt waren, wurden zur Beleuchtung des Trauortes seitlich des Altartisches zwei hohe Girandolen aufgestellt. Wilhelm II. beauftragte 1894 den Potsdamer

Ornamentschnitzer Hermann Rose, beide Kandelaber mit bauchigen Vasen für die Marmorgalerie anzufertigen.[291] Der vor dem Altartisch liegende Teppich hatte eine hohe symbolische Bedeutung, da auf ihm seit 1878 alle preußischen Prinzessinnen getraut wurden.[292]

Als Wilhelm II. den Beginn der kirchlichen Zeremonie anordnete, formierte sich der Hochzeitszug und begab sich in die Marmorgalerie. Die im Tressen- und Billardzimmer wartenden Mitglieder der Hofstaaten schlossen sich dem Zug an. Die kirchliche Trauung vollzog der Oberhofprediger Dr. Ernst von Dryander (1843–1922), der die Braut bereits 1890 getauft hatte. Die fürstlichen Gäste, an der Spitze das Kaiserpaar, stellten sich im Halbkreis um das Brautpaar. Punkt 12 Uhr, nachdem der Ringwechsel vollzogen war, schoss die hinter den Communs aufgestellte Batterie des Garde-Feldartillerie-Regiments dreimal zwölf Schuss Salut ab. Nun erklang Musik von elf Sängern und 40 Knaben des Berliner Domchores, der im Salon der Roten Kammern (R. 184) Aufstellung genommen hatte. Nach dem Segensspruch begab sich das Brautpaar in den Grottensaal, um die Glückwünsche des Kaiserpaares und der Familie entgegen zu nehmen. Die Festgesellschaft hatte sich in den Marmorsaal (R. 256) begeben, wo das Galadiner stattfand. Im zentralen Festsaal war eine im Rechteck des Saales angeordnete Tafel für 180 Personen aufgestellt worden. Die Plätze an der Fensterseite waren für die ranghöchsten Gäste reserviert. Hier saßen mit Blick in das Innere des Saales das Brautpaar, das Kaiserpaar sowie die Familienmitglieder. Die anderen 120 Gäste, unter ihnen das militärische Gefolge, Kammerherren und Hofdamen, nahmen das Diner in zwei Räumen der Oberen Roten Kammern ein. Das Hochzeitsmenü bestand aus einer »Kraftbrühe auf Kaiserliche Art«, »Geröstetem Rheinlachs nach Perigord«, »Rehrücken, garniert«, »Krebsschwänzen« und »Hamburger Hühner« sowie als Dessert die »Hohenzollernbombe« als Eisspezialität.[293] Nach dem Ende der Tafel folgte in der benachbarten Oberen Galerie (R. 241) die Gratulation der Hochzeitsgäste. Zum Abschluss des Festes übernahmen die Beamten des Hausschatzes wieder die Prinzessinnenkrone. Als letzter Akt fand im Grottensaal die Verteilung des sogenannten Strumpfbandes[294] an die Gäste statt.

Das junge Ehepaar nahm seinen Wohnsitz im hessischen Kassel, wo der Bräutigam als Oberleutnant im Husaren-Regiment Landgraf Friedrich II. stationiert war. Zwei Kinder wurden während des Ersten Weltkrieges geboren. Die Ehe verlief nicht harmonisch und wurde 1922 geschieden. Victoria Margarete starb bereits ein Jahr später an den Folgen einer Grippeerkrankung.

Der Erste Weltkrieg

Am 31. Juli 1914 unterzeichnete Kaiser Wilhelm II. im Neuen Palais eine Verordnung, die das Deutsche Reich in den Kriegszustand versetzte.[295] Das war ein wesentlicher Schritt auf dem Weg in den Ersten Weltkrieg. Der Raum, in dem der Kaiser die Order unterschrieb, ist nicht genau bekannt. Einer mündlichen Überlieferung zufolge ratifizierten Wilhelm II. und Reichskanzler Theobald von Bethmann Hollweg (1856–1921) das folgenreiche Dokument im Frühstückszimmer (R. 261). Es ist aber auch möglich, dass es sich um das Arbeitszimmer (R. 258) handelte. Bereits am 5. Juli war es im Neuen Palais zu einem Treffen gekommen, das für die weitere europäische Geschichte schwere Folgen haben sollte. Bei dieser Unterredung sicherte Wilhelm II. seinem österreichisch-ungarischen Bündnispartner in Person des Botschafters Ladislaus von Szögyény-Marich (1841–1916) für den Kriegsfall die volle Unterstützung des Deutschen Reiches zu.[296]

Nach der Unterzeichnung der Verordnung am frühen Nachmittag des 31. Juli fuhr Wilhelm II. nach Berlin. Da Russland seine Generalmobilmachung vom Vortag nicht zurücknahm, unterschrieb der Kaiser am 1. August im Sternsaal des Berliner Schlosses die deutsche Mobilmachung und erklärte Russland am selben Tag den Krieg. Wilhelm II. kehrte im Laufe des Jahres 1914 nicht mehr ins Neue Palais zurück, da er sich mit den Mitgliedern der Obersten Heeresleitung in das Große Hauptquartier nach Koblenz begeben hatte.

Links: Verordnung über die Erklärung des Kriegszustandes, 31. Juli 1914
Wilhelm II. und Reichskanzler Theobald von Bethmann Hollweg unterzeichneten am 31. Juli 1914 im Neuen Palais eine Verordnung, die das Deutsche Reich in den Kriegszustand versetzte. Die Unterzeichnung dieses Dokumentes war ein wesentlicher Schritt zum Beginn des Ersten Weltkriegs.

Rechts: Besuch der Kaiserin im Orangerie-Lazarett, Postkarte nach einem Gemälde von Artur Fischer, 1915
Im September 1914 wurde die westliche Pflanzenhalle der Orangerie im Park Sanssouci als Lazarett eingerichtet. Die Kaiserin übernahm die Schirmherrschaft über die Betreuung der verwundeten Soldaten. Mit großer Regelmäßigkeit stattete Auguste Victoria dem Orangerie-Lazarett während des Krieges Besuche ab. Mit den Visiten hoffte das Kaiserhaus, die Moral der Soldaten zu stärken und Trost zu spenden. Der Verkauf der Postkarte mit dem heroischen Titel »Des Volkes Dank ist Euch gewiss« kam der Kriegshilfe zugute.

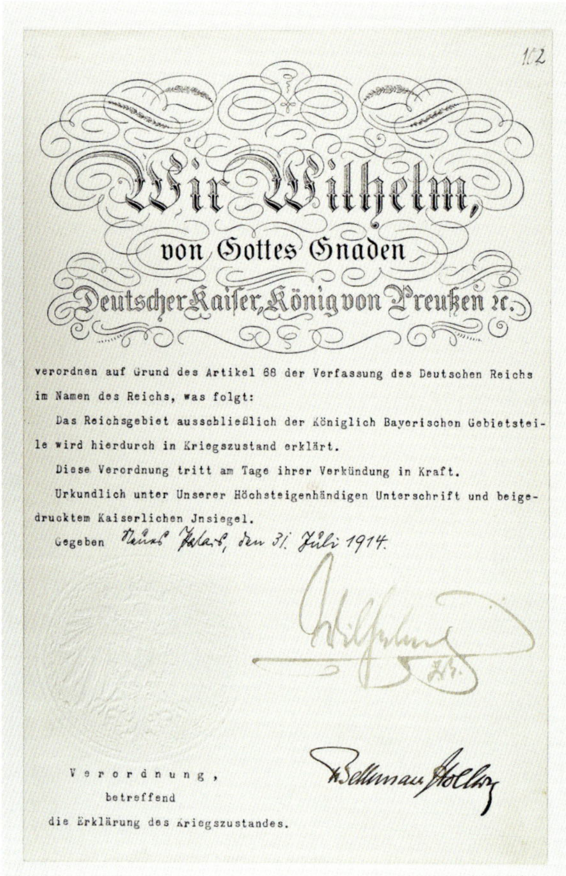
102

Wir Wilhelm,
von Gottes Gnaden
Deutscher Kaiser, König von Preußen ꝛc.

verordnen auf Grund des Artikel 68 der Verfassung des Deutschen Reichs im Namen des Reichs, was folgt:

Das Reichsgebiet ausschließlich der Königlich Bayerischen Gebietsteile wird hierdurch in Kriegszustand erklärt.

Diese Verordnung tritt am Tage ihrer Verkündung in Kraft.

Urkundlich unter Unserer Höchsteigenhändigen Unterschrift und beigedrucktem Kaiserlichen Insiegel.

Gegeben Neues Palais, den 31. Juli 1914.

Wilhelm I. R.

v. Bethmann Hollweg

Verordnung, betreffend die Erklärung des Kriegszustandes.

Da die Kosten für die Unterhaltung des Berliner Schlosses zu hoch waren, gab die Kaiserin am 11. September 1914[297] die Hauptresidenz als Wohnsitz auf. Sie begab sich in das kleinere, im Berliner Tiergarten gelegene Schloss Bellevue. Der klassizistische Bau diente dem Kaiserpaar für die Dauer des Krieges als Berliner Wohnort. Daneben blieb das Neue Palais bis 1918 der Hauptwohnsitz der kaiserlichen Familie.

Kriegsalltag im Neuen Palais

Die Kaiserin hatte als Protektorin des Roten Kreuzes vier ihrer Schwiegertöchter die Betreuung der verwundeten Soldaten in Potsdam und Berlin übertragen. So waren die Prinzessinnen für verschiedene Lazarette verantwortlich.[298] Die Kaiserin selbst betreute verwundete Soldaten in der Orangerie im Park Sanssouci. Am 9. Oktober 1914 besuchte sie erstmals das Lazarett in der westlichen Pflanzenhalle.[299] Bis zum Zusammenbruch der Monarchie 1918 sollten mehr als 50 Besuche folgen.[300]

Im Mai 1915 bezog die Kaiserin das erste Mal seit Beginn des Krieges wieder ihre Wohnung im Neuen Palais. In den nächsten drei Jahren verbrachte Auguste Victoria die überwiegende Zeit ohne den Kaiser in Potsdam. In der weitläufigen Schlossanlage war sie die einzige fürstliche Bewohnerin. Als letztes ihrer Kinder hatte Victoria Luise nach ihrer Eheschließung im Mai 1913 das Neue Palais verlassen. Für die Aufrechterhaltung des Hofle-

Aus dem Großen Hauptquartier zu Gast im Neuen Palais, 28. Oktober 1916
Wilhelm II., hier in der Felduniform, war gemeinsam mit seiner Tochter Victoria Luise und deren beiden Söhnen im Begriff nach Berlin zu fahren. Im Schloss Bellevue stand der Empfang des Staatssekretärs Gottlieb von Jagow und des Generalfeldmarschalls Paul von Hindenburg bevor. Der Kaiser war aus Anlass des Geburtstages seiner Frau aus dem Großen Hauptquartier in die Heimat gereist, auch die Herzogin von Braunschweig war aus diesem Grund zu Gast in ihrem Elternhaus.

bens waren im Dezember 1915 noch 167 Mitglieder der Hofdienerschaft und Angestellte des Marstalls verantwortlich.[301]

Im weiteren Kriegsverlauf besuchte die Kaiserin mit großer Regelmäßigkeit auch verwundete Soldaten in Lazaretten zahlreicher anderer deutscher Städte. Am 13. Juni und am 27. Juli 1915 lud Auguste Victoria jeweils 20 Soldaten aus dem Orangerielazarett in ihren Rosengarten ein,[302] um sie mit Kaffee und Kuchen zu bewirten. Für den Nachmittag des 11. November 1915 wurden 150 Soldaten im Grottensaal beköstigt. Anschließend gab die an der Berliner Hofoper engagierte Sopranistin Emmi Leisner (1885–1958) ein Konzert. Nach dem Ende der Vorstellung ging Auguste Victoria von Tisch zu Tisch, um Blumen an die Soldaten zu verteilen.[303] Mit den Besuchen bei Verwundeten und den Einladungen in das Neue Palais hoffte das Kaiserhaus, die Moral der Soldaten zu stärken und Trost zu spenden.

Da sich der Kaiser fast ausschließlich auf dem Kriegsschauplatz befand, nahm Auguste Victoria auch diplomatische Aufgaben wahr. Sie empfing am 21. Juni 1915 im Tressenzimmer (R. 163) des Neuen Palais den kubanischen Gesandten Aguero Betancourt, den bulgarischen Gesandten General Markow[304] und am 12. August 1915 den türkischen Botschafter Muhmud Muthar Pascha zur Abschiedsaudienz.[305] Nach dem die Kaiserin bereits am 9. August 1914 im Potsdamer Lustgarten an einem Feldgottesdienst für 8.000 Soldaten des 1. Garde Regiments zu Fuß teilgenommen hatte, verabschiedete sie am 16. Oktober 1915 von einem Fenster der Princess

Wohnung aus Truppen dieses Regimentes auf dem Weg ins Feld.[306]

In der ihr sonst zur Verfügung stehenden Zeit widmete sich Auguste Victoria ihrer Familie. Die Herzogin von Braunschweig besuchte ihr Elternhaus mehrfach mit ihren beiden 1914 und 1915 geborenen Söhnen Ernst August und Georg Wilhelm (Abb. S. 155).

Für den sonntäglichen Kirchgang nutzte die Kaiserin den Antikentempel, der als provisorische Kapelle eingerichtet war. Die Entwürfe des Hofarchitekten Ernst Eberhard von Ihne zum Umbau des friderizianischen Rundbaus zu einer Hofkapelle konnten nach Beginn des Krieges aus Kostengründen nicht mehr umgesetzt werden. Der Innenraum des Tempels erhielt nach Angabe des Hofgärtners Georg Potente eine temporäre gärtnerische Dekoration.[307] Zum ersten Mal hielt Generalsuperintendent Wilhelm Haendler am 25. Juli 1915 hier für die Kaiserin einen Gottesdienst ab.[308]

Der Tagesablauf der Kaiserin blieb ansonsten von den Kriegsereignissen weitestgehend unberührt und wurde wie in Friedenszeiten mit den feststehenden Konstanten weitergeführt. Nach dem morgendlichen Spazierritt folgte bei schönem Wetter das Frühstück am »Teehäuschen«. Nach regelmäßigen Besuchen im Orangerielazarett folgten die gewohnten Spazierfahrten in die Umgebung. Allein war Auguste Victoria in dieser Zeit kaum, eines ihrer Kinder oder Schwiegerkinder leistete ihr immer Gesellschaft. Auch ihre jüngere Schwester Karoline Mathilde besuchte sie regelmäßig im Neuen Palais.

Im Mai 1917 wurde das Oberhofmarschallamt aufgefordert, Bildwerke aus Bronze und Kupfer zur Sicherstellung des Kupferbedarfs der Heeresverwaltung als sogenannte Metallspende abzugeben. Die Liste umfasste zehn Positionen. Der Kaiser bat, die vier in seinem Privatgarten stehenden Skulpturen aufgrund ihres »besonderem Kunstwertes« zu erhalten. Dazu gehörten der Narzissbrunnen, das Ostasiatische Räuchergefäß sowie beide vor dem Teehaus stehenden Löwenskulpturen.[309]

Die Versorgungslage der Bevölkerung im sogenannten Steckrübenwinter 1916/17 war katastrophal und bildete einen Kontrast zum weitestgehend unbesorgten Kriegsalltag des weiblichen Teils der kaiserlichen Familie. Missernten sowie die englische Seeblockade führten zu Hungersnöten in bisher nicht gekanntem Maße. Im Gegensatz dazu überrascht die 41 Positionen umfassende Liste der Weihnachtsgeschenke an den Kaiser vom Dezember 1917. Die Kaiserin schenkte ihrem Mann u.a. eine »bronzene Standuhr mit dem Achilles«, eine Marmorskulptur der Gemahlin Friedrichs des Großen, eine blauseidene Daunendecke mit Kissen. Die Herzogin von Sachsen-Meiningen übersandte ihrem Bruder Wilhelm einen mit Leder bezogenen »Autofrühstückskoffer«. Der mit Wilhelm II. befreundete Mäzen und Kunstexperte James Simon überreichte ein Gemälde mit dem in Kriegszeiten vielsagenden Titel »Übergang über den Rhein«, Prinz Eitel Friedrich hatte aus einem Teil des erneuerten Kupferdachs des Neuen Palais einen Briefbeschwerer herstellen lassen.[310]

Regelmäßig besuchte die Kaiserin ihren Gemahl im Großen Hauptquartier, zum letzten Mal brach sie am 17. Juni 1918 in das belgische Spa auf. Nach einem zweiwöchigen Aufenthalt fuhr Auguste Victoria zurück nach Deutschland, um im Schloss Wilhelmshöhe in Kassel Wohnung zu nehmen.

Durch einen Angriff alliierter Truppen am 8. August 1918 an der Westfront kam es zu einem Umschwung der Kriegslage. Generalquartiermeister Erich Ludendorff (1865–1937) teilte dem Kaiser zwei Tage später mit, dass das Heer eine schwere Niederlage erlitten habe. Wohl angesichts dieser schlechten Nachrichten erlitt Auguste Victoria am 11. August in Schloss Wilhelmshöhe einen Schlaganfall.[311] Nach sechswöchiger Erholung traf sie am 2. Oktober 1918 wieder im Neuen Palais ein. Auch der Kaiser kam aus seinem Hauptquartier nach Potsdam. In den letzten vier Wochen vor dem Ende der Monarchie setzte Auguste Victoria gemeinsam mit dem Generaladjutanten Hans Georg von Plessen und dem Chef des Zivilkabinetts Friedrich von Berg alles daran, ihren Mann von schlechten Nachrichten abzuschirmen, um ihn nicht weiter zu deprimieren.[312] In dieser Endzeitstimmung der deutschen Monarchie beschloss die militärische Umgebung, dass der labile Kaiser Deutschland verlassen müsse. Der Kaiser spürte den wachsenden Druck des neuen Reichskanzlers Max von Baden, der die Abdankung Wilhelms II. erreichen wollte. Am späten Abend des 29. Oktober 1918 reiste der Kaiser von der Potsdamer Hofstation Wildpark aus in das Große Hauptquartier nach Spa ab.[313] Nach Deutschland sollte er nie wieder zurückkehren.

Auguste Victoria als Zeugin der Novemberrevolution 1918

Die letzten dramatischen Tage vor der Novemberrevolution erlebte die Kaiserin im Neuen Palais. Max von Baden hatte sich Ende Oktober dazu bekannt, dass eine Abdankung des Kaisers politisch notwendig sei, um die Monarchie zu retten. Der Reichskanzler sah sich allerdings außerstande, dem Monarchen diese Botschaft persönlich mitzuteilen, da er bei seiner Amtsübernahme am 3. Oktober 1918 versprochen hatte, dem Kaiser loyal zu dienen. Er könne dies »als badischer Thronfolger und deutscher Fürst nicht tun«[314]. Spätestens seit dem 31. Oktober war ihm allerdings klar, dass der Kaiser abdanken musste. Unklar blieb hingegen, wer Wilhelm II. diese Nachricht überbringen sollte. Der Kaiserin war dieses brisante Ansinnen nicht verborgen geblieben. Sie wollte unter allen Umständen die Monarchie bewahren, da durch den Thronverzicht ihres Mannes ihre eigene Zukunft und die ihrer Kinder in Gefahr waren. Am Abend des 1. November hatte der Kanzler einen schweren Nervenzusammenbruch erlitten. Der Historiker Lothar Machten vermutet, dass es Auguste Victoria war, die an jenem Abend zum Telefonhörer griff, um aus dem Neuen Palais einen Anruf in die Reichskanzlei zu tätigen, »schäumend vor Wut über das, was der badische Verwandte ihrem Gatten gerade antat«[315]. Dem einst geschätzten Vetter, der vor der Übernahme seiner Kanzlerschaft häufig im Neuen Palais zu Gast gewesen war, schlug nun offene Feindschaft entgegen. Es scheint, als habe sie Max von Baden mit massiven Vorwürfen und wütenden Beschimpfungen zur Rede gestellt. So berichtet es der persönliche Adjutant des Reichskanzlers Eduard von Racknitz. Max von Baden sei nach dem Telefongespräch »total zusammengeklappt«, sodass er ärztliche Hilfe in Anspruch nehmen musste. Professor Wilhelm Zinn von der Berliner Universitätsklinik verabreichte ihm zunächst ein Beruhigungs- und Schlafmittel. Da diese nicht anschlugen, verordnete der Arzt Pantopon, ein Opiumvollpräparat. Der Reichskanzler befand sich daraufhin über 36 Stunden in einem komatösen Zustand. Noch am 4. November erzählen Beamte aus der Wilhelmstraße, der Regierungschef »liege an (sic) nervöser Erschöpfung im Bett«[316].

Am 2. November hatte Wilhelm II. angeordnet, dass seine Familie geschlossen in das Neue Palais umziehen solle, um die Kaiserin zu schützen. Für die Sicherheit Auguste Victorias machte er seinen zweiten Sohn Eitel Friedrich verantwortlich. Als erstes trafen am Abend des 2. November August Wilhelm und seine Gemahlin im Neuen Palais ein.[317] Sie hatten ihr Berliner Palais,[318] das im Berliner Regierungsviertel lag, verlassen, da sich die revolutionären Unruhen in der Hauptstadt bereits bemerkbar machten. Am Abend des 7. November fuhr die Kaiserin in die Potsdamer Villa Quandt, um zwei ihrer Enkelkinder, Söhne des Prinzen Oskar, in das Neue Palais zu bringen.[319] In den frühen Morgenstunden des 8. November begab sich auch Kronprinzessin Cecilie mit ihren sechs Kindern ins Neue Palais.[320] Oskar und sein Bruder Eitel Friedrich bezogen mit ihren Ehefrauen am Abend des 8. November ebenfalls ihr Elternhaus.[321] Am Vormittag des 9. November 1918 verkündete der Reichskanzler unautorisiert die Abdankung des Kaisers, ohne dass diese tatsächlich schon erfolgt war. Max von Baden übertrug dem Führer der Sozialdemokraten, Friedrich Ebert, die Regierungsgeschäfte. Der SPD-Fraktionsvorsitzende Philipp Scheidemann, verkündete aus einem Fenster des Reichstagsgebäudes das Ende des Kaiserreiches und die Gründung der »deutschen Republik«. Kurz darauf rief der kommunistische Politiker Karl Liebknecht vom Portal IV des Berliner Schlosses die »freie sozialistische Republik Deutschland« aus.[322]

Spottkarte auf die Flucht Wilhelms II. und seiner Ehefrau, 1919

Als Lothar von Spitzenberg (1868–1930), der Kabinettschef der Kaiserin, am Nachmittag im Neuen Palais eintraf, fand er Auguste Victoria »in Tränen aufgelöst, zum ersten Mal«[323].

Am 10. November hatte sich in Potsdam ein Arbeiter- und Soldatenrat gebildet, noch am gleichen Tag wählte auch die Wache am Neuen Palais einen Soldatenrat. Dieser holte sogleich die Standarte der Kaiserin ein, die auf der Kuppel der Kolonnade zwischen den Communs gehisst war, gleichzeitig stellte er aber die Kaiserin unter seinen Schutz.[324] Durch Vermittlung des Generals Wilhelm von Hahnke (1867–1931) waren von der Potsdamer Garnison Mannschaften zur Absperrung des Neuen Palais beordert worden. Im Inneren übernahm Oberkastellan Hugo Dallmann mit seinen Schlossdienern den Schutz des Schlosses. Die zum Eintritt in das Haus Berechtigten mussten sich, wie auch sonst üblich, mit der Eintrittskarte legitimieren.[325] Am Vormittag war Hofprediger Ernst von Dryander auf Bitten der entthronten Kaiserin nach Potsdam gekommen. Der Schlosspfarrer gab Auguste Victoria in dieser für sie trostlosen Zeit seelischen Halt. Dryander erinnerte sich später, dass die Kaiserin erst am Abend des 10. November von der Reise ihres Mannes ins niederländische Exil und seine Aufnahme im Schloss Amerongen erfahren hatte.[326] Ihrer Schwester schrieb sie an jenem Tag: »Ein Lebenszeichen, noch geht es uns hier gut körperlich, aber was man mit dem Herzen durchmacht in Leid und Kummer, das lässt sich nicht sagen.«[327] Am Nachmittag versammelte sich die gesamte Hofdienerschaft im Grottensaal. Im Beisein des Prinzen Eitel Friedrich entband die Kaiserin das Personal von ihren Aufgaben.[328] Durch das Engagement adeliger Offiziere, die sich den Hohenzollern persönlich verpflichtet fühlten, blieben die Verhältnisse im und um das Neue Palais durchaus stabil. Der Kammerherr der Kronprinzessin, Wolf Ferdinand von Stülpnagel, der täglich zum Neuen Palais fuhr, erinnerte sich: »In das Schloss konnte ich nur gelangen, erst durch den Keller, dann die beiden Treppen hoch, ein Stück über den Flur und eine Treppe wieder hinunter. Sonst war alles abgeschlossen.«[329] Die abgeschiedene Lage des Neuen Palais trug sicher dazu bei, dass das Schloss von Plünderungen verschont blieb. Anders sah es im Berliner Schloss aus. Matrosen sowie Soldaten des Arbeiter- und Soldatenrates waren in die privaten Wohnräume des Kaiserpaares und der Hofdamen eingedrungen und hatten diese geplündert. Dabei richtete sich das Interesse der Eindringlinge weniger auf Kunstwerke und Wertgegenstände als auf Nahrungsmittel und persönliche Dinge aus dem Besitz des Kaiserpaares wie etwa Kleidungsstücke.[330]

Auguste Victoria wollte schleunigst ihrem Gemahl in die Niederlande folgen. Das erwartete sie anfangs auch von ihren Kindern, doch diese beteuerten, in Deutschland bleiben zu wollen. Zudem stellte sich eine Ausreise der gesamten kaiserlichen Familie als nicht durchführbar heraus, da die niederländische Regierung nur die Aufnahme der Kaiserin gestattete. Da die Sicherheit der

Hohenzollernfamilie gewährleistet schien, verließen die Söhne und Schwiegertöchter nacheinander das Neue Palais. Am 14. November begab sich als Erste die Kronprinzessin mit ihren Kindern zurück in das Schoss Cecilienhof. Die Prinzen Eitel Friedrich, August Wilhelm und Oskar hatten ebenfalls das Neue Palais verlassen. Da die Abreise der Kaiserin in das niederländische Exil zunächst ungewiss blieb, begab sie sich am Abend des 21. November in die Villa Ingenheim, dem Potsdamer Wohnsitz ihres Sohnes Eitel Friedrich.[331] Am Morgen jenes Tages, es war der Geburtstag ihrer verstorbenen Schwiegermutter Victoria, begab sich Auguste Victoria an deren Grablege im Mausoleum an der Friedenskirche, um einen Kranz niederzulegen. »Am Nachmittag beschäftigten sich Ihre Majestät mit packen«[332], heißt es im Journal für den Hoffourier lakonisch. Anschließend ging sie in den Marstall hinüber, ließ sich ihre Reitpferde herausführen, um Abschied von ihnen zu nehmen. Bevor die Kaiserin das Neue Palais verließ, ging sie noch einmal allein durch ihre Wohnung, durch die Zimmer des Kaisers und schließlich hinunter in das Sterbezimmer Friedrichs III. Um 18 Uhr nahm Auguste Victoria den Tee und verabschiedete sich von ihrem Gefolge, das ihr über viele Jahre die Treue gehalten hatte. Unschwer kann man sich die gedrückte Stimmung vorstellen, als sie ihrer Oberhofmeisterin Gräfin Therese von Brockdorff, den Hofdamen[333] Gräfin Mathilde von Keller und Gräfin Lita zu Rantzau, dem stellvertretenden Oberhofmeister Ernst Ulrich von Trotha, dem Hofmarschall Graf Oskar von Platen und dem Minister des königlichen Hauses Freiherr Hugo von Reischach, die Hand gab. Gegen 19 Uhr versammelte sich die Dienerschaft im Unteren Vestibül (R. 175).[334] Kammerdiener, Küchenmädchen, Lakaien, Kutscher: von jedem Einzelnen nahm Auguste Victoria Abschied, »alle umdrängten sie weinend und schluchzend«, wie Gräfin Keller beobachtete.[335] Am 22. November schrieb Auguste Victoria ihrer Schwester aus der Villa Ingenheim: »Durch Gräfin Keller wirst Du erfahren haben, das ich gestern unser geliebtes Neues Palais verlassen habe [...]. Wie namenlos schwer es mir wurde, kannst Du Dir denken.«[336] Am Nachmittag dieses Tages erschienen zwei Abgesandte des Arbeiter- und Soldatenrates bei der Kaiserin im Wohnsitz ihres Sohnes mit der Forderung um Herausgabe der Korrespondenz ihres Mannes. Auguste Victoria entgegnete: »Die Privatkorrespondenz verlangen Sie? Die existiert nicht mehr!« Daraufhin begaben sie sich in das Neue Palais, von der Kammerfrau Susanne Chales de Beaulieu verlangten sie die Herausgabe der Briefe. Diese zeigte ihnen die leeren Fächer des Schreibtisches.[337] Nach übereinstimmenden Aussagen von Zeitzeugen hat Auguste Victoria die Briefe im Herbst 1918 verbrannt.[338] Am 27. November hatte die frühere Monarchin die Erlaubnis erhalten, ihrem Ehemann ins niederländische Exil zu folgen. Am Abend dieses Tages verließ Auguste Victoria Potsdam mit einem fahrplanmäßigen Zug vom Bahnhof Wildpark. Am 28. November, ihrem Ankunftstag in den Niederlanden, unterzeichnete Wilhelm II. im Schloss Amerongen seine Abdankungsurkunde.[339] Mit dem Weggang der Kaiserin aus dem Neuen Palais endete die 150-jährige fürstliche Nutzung der Schlossanlage durch die Hohenzollern.

Weimarer Republik und Nationalsozialismus

Der Verlust der kaiserlichen Ausstattung

Das Ende der Monarchie bedeutete auch für das Neue Palais eine Zäsur in der Geschichte seiner Nutzung. Die neue preußische Staatsregierung konfiszierte mit zwei Verordnungen den Besitz der Hohenzollern. Zunächst wurden am 13. November 1918 »sämtliche zum Kronfideikomissvermögen gehörige Gegenstände«[1] mit Beschlag belegt.[2] Am 30. November wurde die Verordnung erweitert, »da die Zugehörigkeit einzelner Vermögensgegenstände zum Kronfideikommissvermögen und zum Sondervermögen des preußischen Königshauses zweifelhaft erscheint«[3]. Das bedeutete, dass nun auch der private Besitz des Königs und seiner Familie konfisziert war. Die Verwaltung des früheren Besitzes wurde dem preußischen Finanzministerium übertragen.

Seit November 1918 wohnten Wilhelm II. und seine Ehefrau als Gäste des Grafen Godard Bentinck (1857–1940) auf dem niederländischen Schloss Amerongen in der Provinz Utrecht. Für den Unterhalt des ehemaligen Kaiserpaares und den Ankauf eines eigenen Wohnsitzes überwies die preußische Staatsregierung Millionenbeträge. Dabei hielt sich die Regierung an eine Übereinkunft mit Wilhelm II., der seinen Thronverzicht in der von der Regierung vorgeschlagenen Form am 28. November 1918 in der Erwartung vollzog, »dass die Regierung gemäß ihrer früheren Kundgebung, Mein und Meiner Familie Vermögen freigibt«[4]. Bereits im Januar und August 1919 überwies das Finanzministerium Summen in Höhe von 1,8 Millionen Gulden und 7,7 Millionen Mark. Zum Ankauf des künftigen Wohnsitzes Huis Doorn in der Nähe von Amerongen überwies die Regierung im Oktober 1919 weitere zehn Millionen Mark, ein letzter Geldtransfer in Höhe von 38 Millionen Mark ist für den Oktober 1919 aktenkundig.[5] Die preußische Staatsregierung zeigte sich auch bei der Herausgabe von Einrichtungsgegenständen aus den beschlagnahmten Schlössern großzügig. Neben dem Berliner Schloss und dem Schloss Bellevue waren auch aus dem Neuen Palais im Jahr 1919 mehrere Transporte mit Mobiliar in die Niederlande verschickt worden. Handschriftlich notierte Auguste Victoria am 4. August 1919 ihre Wünsche. In erster Linie handelte es sich dabei um Familienporträts aus ihren ehemaligen Privatgemächern. Dazu gehörten aus dem Neuen Palais das »kleine Husaren-Bild des Kaisers von Ferraris«[6], das Gemälde »des Kaisers von László, stehend auf Staffelei«[7], das »Bild der Herzogin zu Holstein, meiner Mutter nach Lauchert«[8], alle drei aus dem Schreibzimmer der Kaiserin (R. 259), das Pastellbild der Prinzessin Victoria Luise mit Hut von Boleslaw von Szankowski aus dem Billardzimmer (R. 164)[9] und das »Bild der Kaiserin Friedrich nach Angeli« aus dem Arbeitszimmer des Kaisers (R. 258).[10] Nach einem Antrag des noch in Berlin existierenden Oberhofmarschallamtes vom 23. August 1919 hob die Regierung die Beschlagnahme der Kunstwerke und des Hausrates »unter Vorlage einer ins Einzelne gehenden Liste«[11] auf.

Hier galt der Grundsatz, dass »die Einrichtung der Privatgemächer dem königlichen Haus verbleiben«. Der Referent im preußischen Finanzministerium

Luftaufnahme des Neuen Palais und der Communs, um 1925

Dr. Paul Hübner gab zu bedenken, dass »nur solche Kunstwerke entfernt werden dürfen, die nicht für die Museen gewünscht werden«. Darüber hinaus waren sich beide Parteien einig, dass »künstlerisch wertvolle Räume unversehrt zu erhalten« sind, dazu zählten alle bedeutenden Kunstwerke, die französischen Gemälde, das Silber sowie das Porzellan.[12] Ausnahmen dieser Regelung wurden gewährt. Paul Seidel (1858–1929), der Direktor des Hohenzollernmuseums, stellte die weiteren Wünsche des Kaisers zusammen. Drei französische Gemälde[13], darunter der »Mann mit einem Guckkasten auf einem Jahrmarkt« von Nicolas Lancret (1690–1743)[14], und zwei friderizianische Kommoden der Gebrüder Spindler[15] verließen im September 1919 das Neue Palais. Hübner wies aber ausdrücklich darauf hin, dass darauf bestanden werden müsse, »dass Schlösser dem Staat nicht als leere Steinkästen übergeben werden«.[16] Dennoch gelangten am 9. September und am 7. November 1919 sowie am 12. Februar 1920 insgesamt fünf Transporte mit »Umzugsgut« aus den preußischen Schlössern mit insgesamt 59 Eisenbahnwaggons in das niederländische Exil Wilhelms II.[17]

Nachdem aus den Wohnräumen des Neuen Palais der Privatbesitz des Kaiserpaares entfernt worden war, beauftragte im Jahr 1920 die preußische Krongutsverwaltung den Kunsthistoriker Charles F. Foerster (1883–1943), die Schlossräume wieder stärker an die ursprüngliche Ausstattung aus der Zeit Friedrichs des Großen heranzuführen.[18] Foerster orientierte sich dabei an den Inventarverzeichnissen des 18. Jahrhunderts.[19] Als Abschluss seiner Arbeiten veröffentlichte er 1923 den ersten amtlichen Schlossführer des Neuen Palais.[20]

Eine zweite und noch viel umfangreichere Welle des Verlustes an Inventar hatte das Neue Palais im Oktober 1925 zu verzeichnen. Der Vertrag der Vermögensauseinandersetzung zwischen dem preußischen Staat und dem vormaligen Königshaus[21] legte fest, dass dem Königshaus alle von Wilhelm II. erworbenen Gegenstände, alle Objekte von familiengeschichtlichem Wert sowie persönliche Gebrauchsgegenstände überlassen werden.[22]

Das gesamte Inventar, das nach 1888 für die Räume des Neuen Palais und der Communs angefertigt wurde, ging somit in den Besitz der Generalverwaltung des vormals regierenden Preußischen Königshauses[23] über. Die etwa 80 Schlossräume behielten zwar die Ausstattung des 18. Jahrhunderts bei, für die Räume der Hofdamen, der Adjutanten, des Oberhofmarschallamtes sowie die im zweiten Obergeschoss liegenden Zimmer der Kaisersöhne und die Gästewohnungen bedeutete dies jedoch einen Totalverlust der Raumeinrichtungen. Selbst aus den Kellerräumen wurden die für die Hofhaltung notwendigen Einbauten, wie Wandschränke etc., entfernt. Die Inventarbände[24] dokumentieren den Abgang der Kunstwerke und des Hausrates jeweils mit dem Hinweis »Okt. 25 an die Gen. Verwaltg«. Die Anzahl der Gegenstände, die das Neue Palais in jenem Herbst verließen, übertraf die Zahl von 59 Eisenbahnwaggons der Jahre 1919 und 1920 bei Weitem.

Seit der Gründung der Staatlichen Schlösser und Gärten im Jahr 1927 setzte sein späterer Direktor Ernst Gall (1888–1958) das von der Schlösserverwaltung vertretene Konzept des »Museumsschlosses« um. Er führte das von Charles F. Foerster 1920 begonnene Vorhaben, das Neue Palais als Schloss Friedrichs des Großen einzurichten, fort.

Lange konnte sich Auguste Victoria mit den Kunstwerken aus dem Neuen Palais nicht umgeben, da sie bereits am 11. April 1921 im Alter von 62 Jahren in Huis Doorn starb. Die preußische Regierung erfüllte den letzten Wunsch der früheren Kaiserin, in Potsdam beigesetzt zu werden.[25] Als Ort der letzten Ruhe hatte sie den Antikentempel gewählt, ein ihr vertrauter Ort, der nur wenige Meter von ihrem ehemaligen privaten Garten und dem so geschätzten Neuen Palais entfernt lag. Am Tag ihrer Beisetzung, dem 19. April 1921, standen etwa 200.000 Menschen auf dem Weg vom Bahnhof Wildpark bis zum Antikentempel Spalier, um von der ehemaligen Landesmutter Abschied zu nehmen.[26]

Im Jahr der Beisetzung der Kaiserin bezog die Tanzschule der US-amerikanischen Tanzpädagogin Elizabeth Duncan (1871–1948) die leer stehenden Räume

Die Jagdkammer, das ehemalige Wohnzimmer der Kaiserin, Aufnahme um 1930
Die gesamten privaten Einrichtungsgegenstände des Kaiserpaares wurden in den Jahren 1919 und 1925 in die Niederlande verbracht, sodass der wohnliche Charakter der Räume verloren ging. Ein Großteil der originalen Einrichtung des 18. Jahrhunderts verblieb im Neuen Palais. Der Kunsthistoriker Charles F. Foerster hatte 1920 die Aufgabe erhalten, die Schlossräume wieder an den friderizianischen Zustand des 18. Jahrhunderts heranzuführen.

Erste Arbeitssitzung des Preußischen Staatsrates, 16. September 1933
An der Stirnseite der Galerie, unter der Hakenkreuzfahne, war der Platz des Ministerpräsidenten Göring. In der ersten Sitzung referierten die Staatsräte Carl Schmidt und der Gauleiter Josef Terboven über »Staatsverwaltung und kommunale Selbstverwaltung im Nationalsozialistischen Staat«. Der Staatsrat sollte nach dem Willen der Gründer den Ministerpräsidenten bei der Führung der Staatsgeschäfte unterstützen und so die Vorreiterrolle Preußens beim Aufbau des nationalsozialistischen Staates verdeutlichen.

Rechte Seite: Das Neue Palais von Südosten, Fotografie von Elsa Postel, um 1965
Nach dem Ende des Zweiten Weltkrieges fehlte für mehr als drei Jahrzehnte auf der südlichen Kuppel die Laterne mit dem Adler. Artilleriebeschuss hatte am Kriegsende die Bekrönung zerstört. Um 1980 konnte der Kuppelschmuck erneuert und der 1945 geborgene preußische Adler wieder aufgesetzt werden.

Nachdem 1955 die sowjetische Regierung entschieden hatte, die Kunstschätze aus der Dresdener Gemäldegalerie zurückzugeben, bestand auch für die Potsdamer Kunstwerke Hoffnung auf eine baldige Rückkehr. In der sowjetischen Presse begann eine Propaganda-Kampagne von der angeblichen Rettung der Meisterwerke. 1957 bat die DDR-Führung um Rückgabe weiterer Museumsobjekte. Eine Moskauer Kommission konnte mehr als 2,6 Millionen Objekte ausfindig machen. Die Potsdamer Schlösser erhielten einen Teil ihres Inventars zurück. Kustoden und Angestellte der Schlösserverwaltung packten 1958 die 58 Kisten aus, in denen sich Meißner Porzellan, Gemälde und Möbel befanden, sodass das Neue Palais einen Teil seiner originalen Ausstattung zurückerhielt.[54] Im offiziellen Sprachgebrauch der DDR hieß es, dass alle in der Sowjetunion sichergestellten Objekte in einem Akt der Freundschaft zurückgegeben wurden. Seit dieser Zeit waren die Staatlichen Schlösser und Gärten Potsdam-Sanssouci bestrebt, das Gästeschloss Friedrichs des Großen mit einem tragfähigen Museumskonzept der Öffentlichkeit zu zeigen.

Das Neue Palais wird heute von der Stiftung Preußische Schlösser und Gärten Berlin-Brandenburg verwaltet. Kein anderer Hohenzoller hat die Schlossanlage so intensiv und dauerhaft genutzt wie Wilhelm II. Dass diese wichtige Epoche im Museumskonzept des Schlosses bisher keine Rolle spielte, liegt auch an der historischen Tatsache, dass die kaiserliche Ausstattung 1919 und 1920 komplett in die Niederlande verbracht wurde. Heute, mehr als 100 Jahre nach dem Ende der Monarchie in Deutschland, wird dieser Zeitabschnitt objektiver bewertet – und sollte sich künftig als wichtiges kulturhistorisches Zeugnis deutscher Geschichte in der Ausstattung des Neuen Palais stärker widerspiegeln.

Blick vom Nordflügel des Neuen Palais über die Balustrade zum Gartenparterre, Fotografie von Hans Bach, 2009

Sowohl die Sandsteinbalustrade mit seinen schmiedeeisernen Kandelabern als auch die Fontäne inmitten des Rasenparterres entstanden in der Regierungszeit Kaiser Wilhelms II.. Die Veränderungen des späten 19. Jahrhunderts prägen das heutige Bild des Neuen Palais nachhaltig, ohne dass die Gesamtkomposition der friderizianischen Schlossanlage davon beeinträchtigt wird.

Der Grottensaal, 2015
(R. 177)
Eine der Hauptattraktionen des Neuen Palais ist der Grottensaal. Mehr als 24.000 Minerale, Edel- und Halbedelsteine, Fossilien und Muscheln zieren die Wände und die Decke des eigenwilligen Festsaales.

Der Marmorsaal, 2015
(R. 256)
Durch seine zentrale Lage im Mittelbau des Corps de logis ist der über zwei Etagen reichende Marmorsaal der Hauptfestsaal des Schlosses. Neben vier großformatigen Gemälden mit Darstellungen aus der griechischen Mythologie sind die Wände und der Fußboden mit schlesischem Marmor bekleidet. Der Saal ist ein Symbol für den Aufstieg Preußens zur europäischen Großmacht nach dem Siebenjährigen Krieg.

Neues Palais, Grundriss des Erdgeschosses, Otto Wittig, 1910

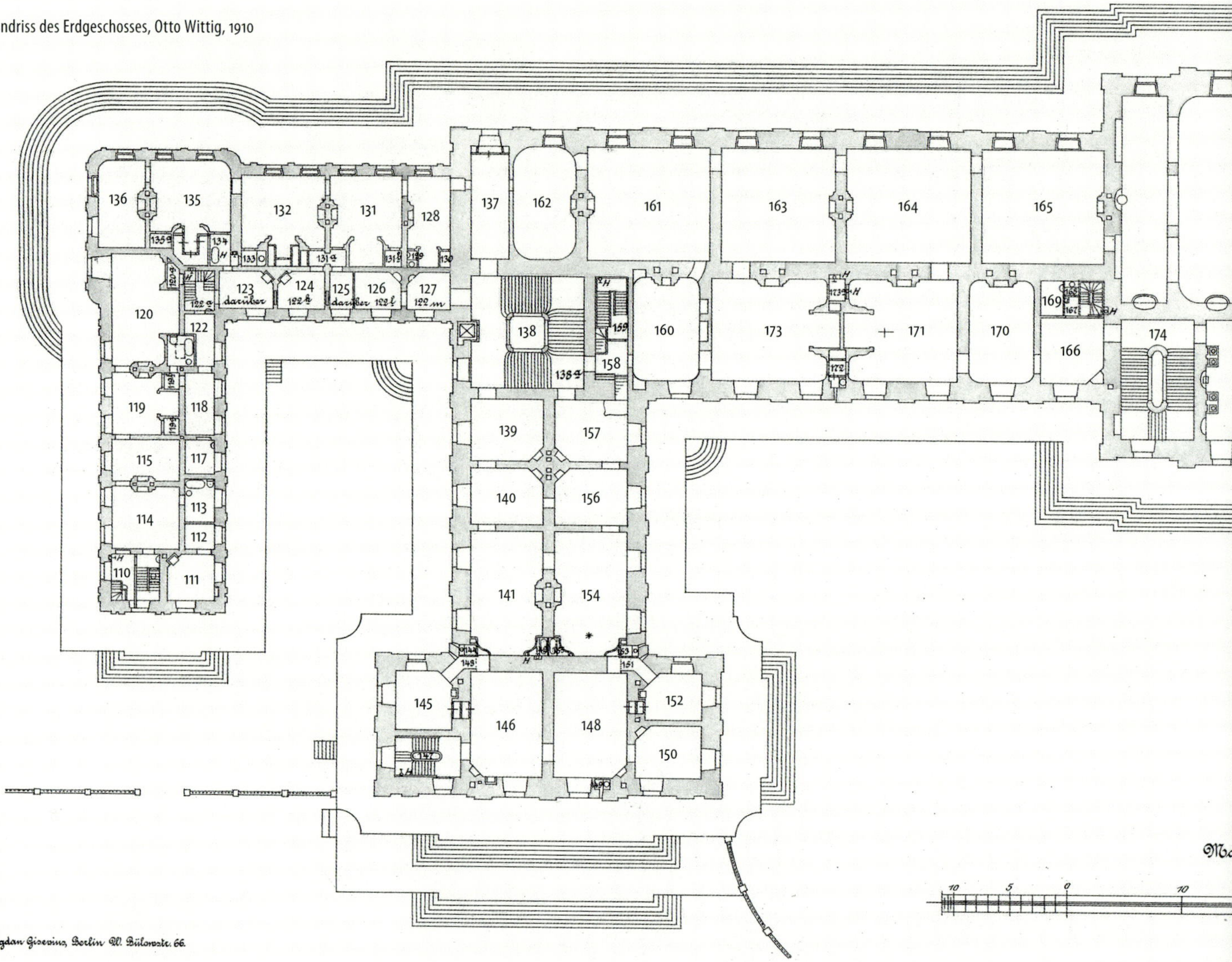

Nutzung der Räume unter Kaiser Wilhelm II. 1888–1918

Festsäle

177 Grottensaal

178 Marmorgalerie

Gesellschaftsräume

161 »Apollosaal«

162 »Tassenkopfzimmer«

163 Tressenzimmer

164 Rote Damastkammer

165 Tamerlanzimmer

Königswohnung

179–215 Wohnung Friedrichs des Großen

Nutzung durch den Kaiser / Adjutanten

171 Sterbezimmer Friedrichs III.

166/170 Dienstzimmer der Adjutanten

173 »Vortragszimmer«

Gästewohnungen

182–188 Untere Rote Kammern

139–141 »Fürstenwohnung nach dem Nordhof«

154–157 »Fürstenwohnung nach dem Sandhof«

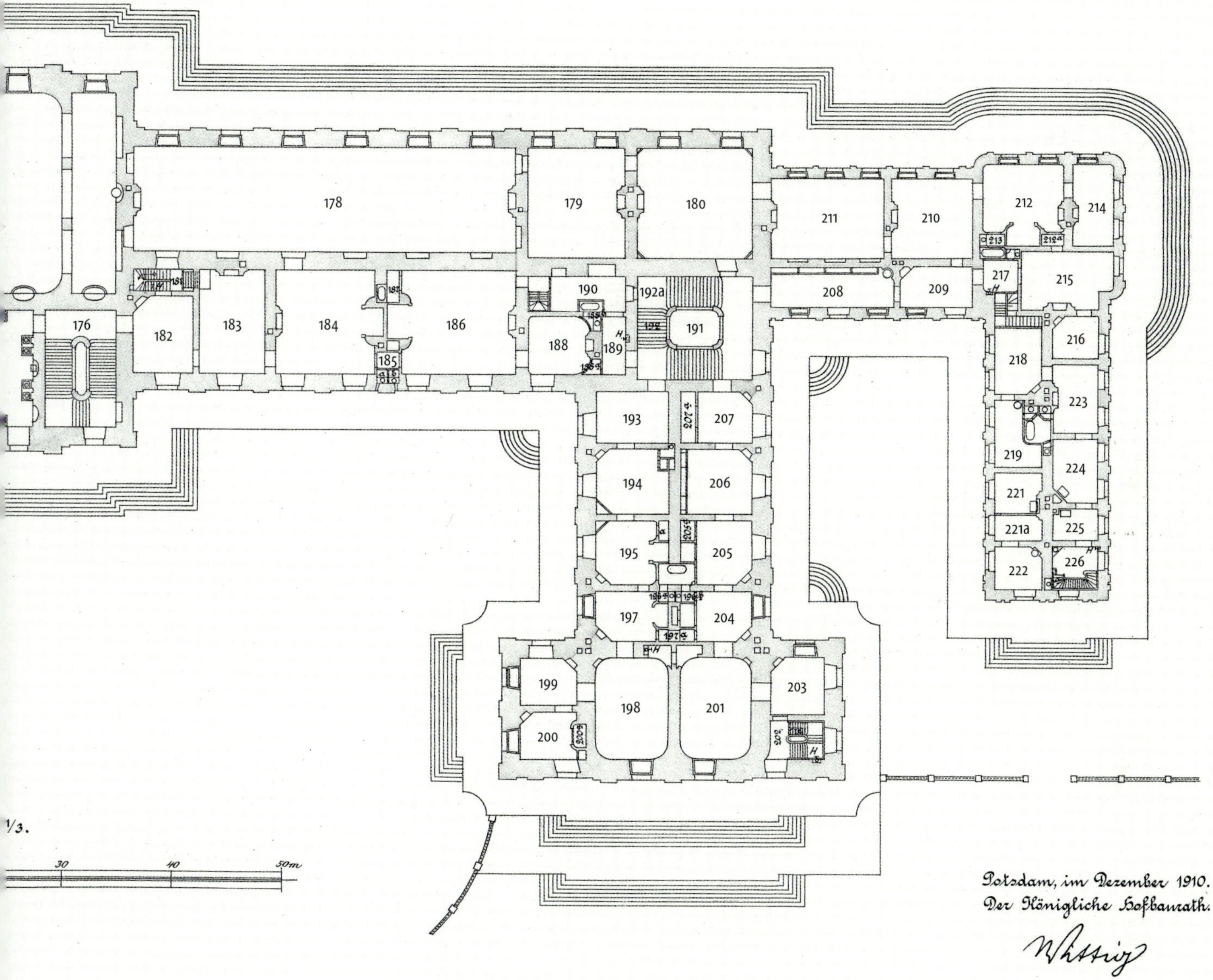

Wohnungen der Hofdamen der Kaiserin

128–132 Gräfin Therese von Brockdorff
135/136 Claire von Gersdorff
119/120 Gräfin Lita zu Rantzau
145–150 Gräfin Mathilde von Keller

Wohnungen der Adjutanten des Kaisers

218–219 Wohnung Hans Georg von Plessen
220–225 Wohnungen für zwei Flügel-Adjutanten

Oberhofmarschallamt

198 Vortragszimmer
201–205 Wohnung Graf August zu Eulenburg
207 Büro
221 Kanzlei

Neues Palais, Grundriss des Erdgeschosses, Otto Wittig, 1910

Neues Palais, Grundriss des ersten Obergeschosses, Otto Wittig, 1910

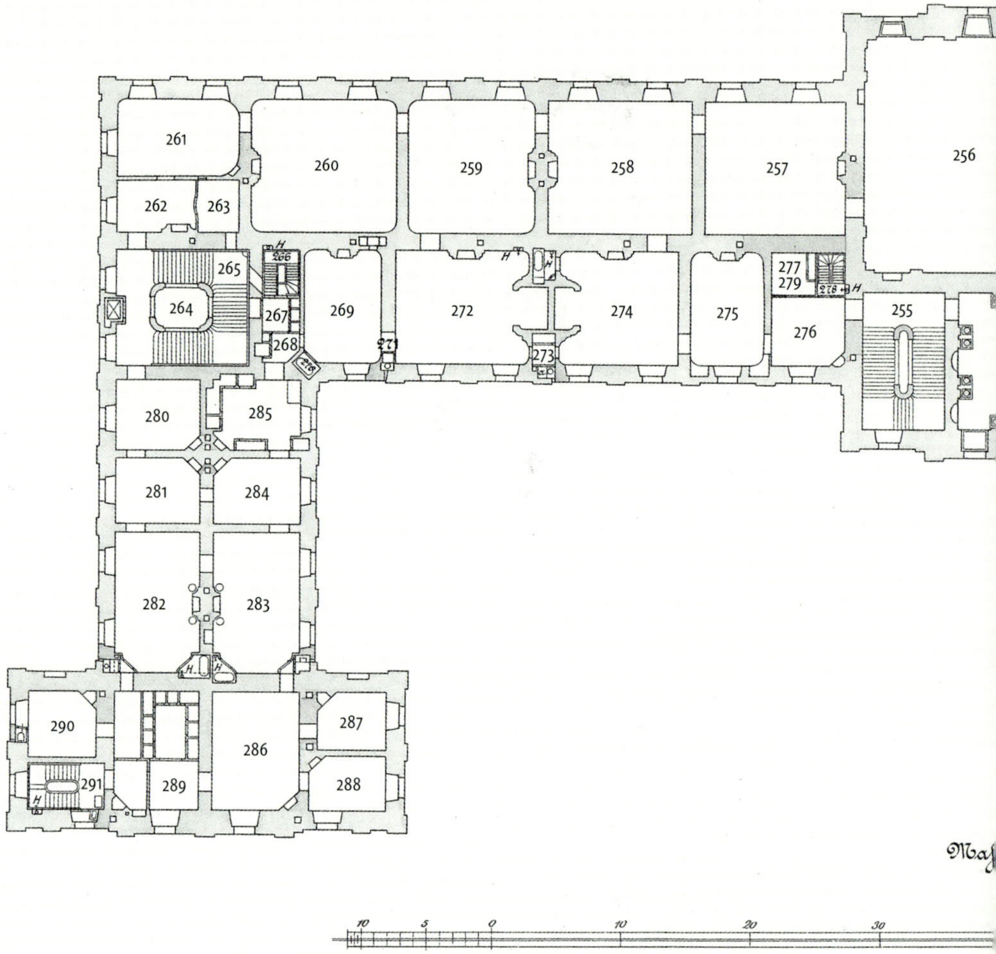

Nutzung der Räume unter Kaiser Wilhelm II. 1888–1918

Festsäle

256 Marmorsaal
241 Obere Galerie

Oberes Fürstenquartier

Wohnung Wilhelms II.

255 »Kaisertreppenhaus«
257 Bibliothek
258 Arbeitszimmer
274 Toilettezimmer
275 Garderobe
276 Vorzimmer

Wohnung Auguste Victoria

246 »Kaiserinnentreppenhaus«
259 Wohn- und Schreibzimmer
260 Empfangszimmer
261 Frühstückszimmer
262 Vorzimmer
272 gemeinsames Schlafzimmer
269 Toilettezimmer
285 Garderobe

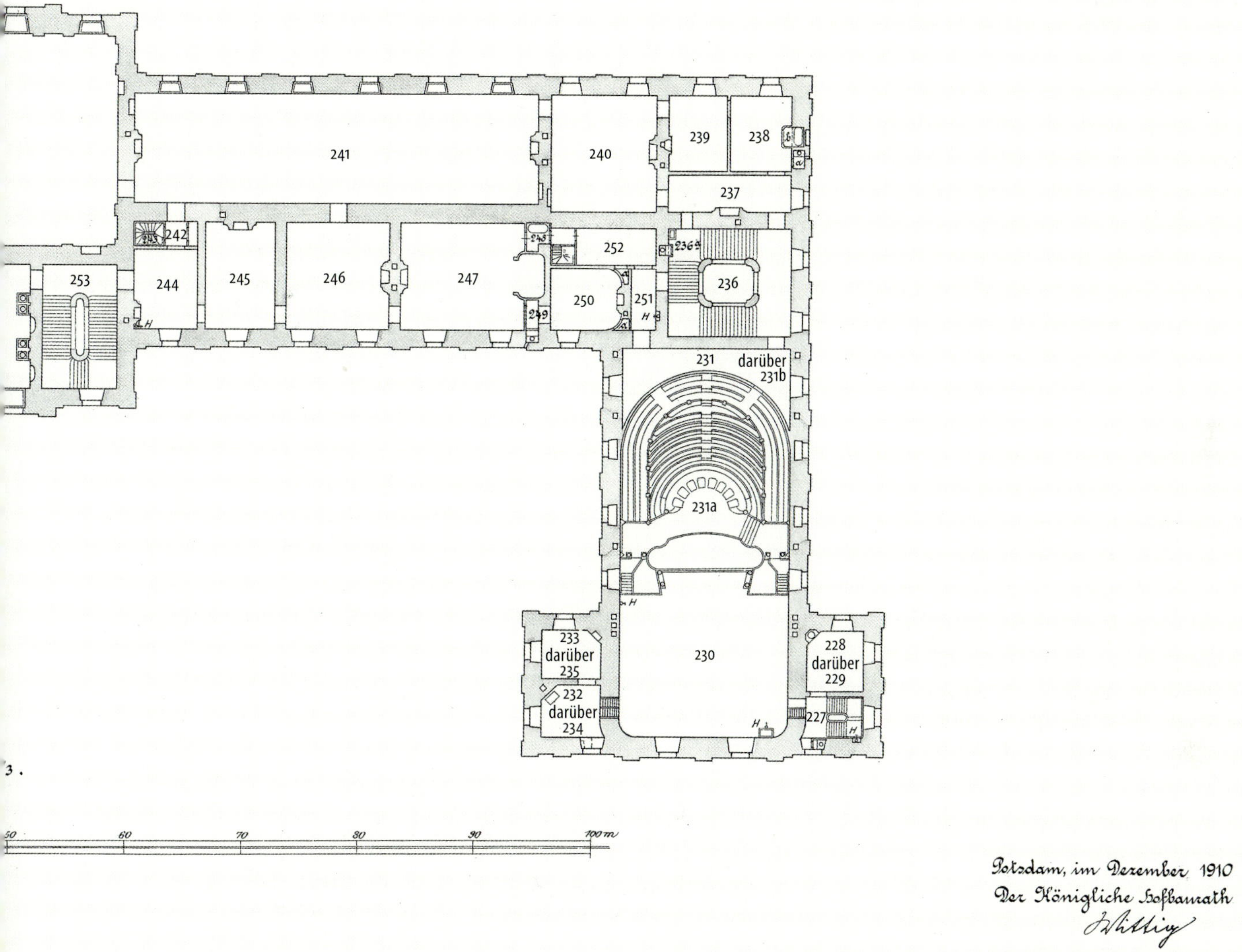

Princess Wohnung

seit 1898 Wohnung der Prinzessin Victoria Luise
284 Wohnzimmer
283 Schlafzimmer
286 Speisezimmer
289 Garderobe
282 Schlafzimmer der Hofdame
290 Blaues Glaskabinett, Salon der Hofdame
287 Grünes Glaskabinett, »Jungfer« der Hofdame
288 Sterbezimmer des Prinzen Sigismund

Gästewohnungen

244–250 Obere Rote Kammern
237–240 Wohnung »König Friedrich Wilhelms III.«

Schlosstheater

230 Zuschauerraum

Neues Palais, Grundriss des ersten Obergeschosses, Otto Wittig, 1910

Anhang

Anmerkungen

Friedrich der Große (1763–1786)

1 Giersberg, 1986, S. 120 f.
2 Manger, Bd. II., 1789, S. 253 f.; Foerster, 1935, S. 3–9.
3 SBB, Zeitschriftenabteilung, Vossische Zeitung, Nr. 102, 3.5.1863, »Das Neue Palais bei Potsdam.« Das Fundament ist wieder abgetragen worden.
4 Volk, 1993, S. 54.
5 Die Ausstellung hat vom 28.4.–28.10.2012 im Neuen Palais in Potsdam stattgefunden.
6 Kat. Friederisiko, 2012. Graf, 2012, S. 294–303 und 2012b, S. 368–377.
7 Graf, 2012, S. 296.
8 Da Marquis d'Argens bereits im Herbst 1768 Abschied vom Hofe Friedrichs II. nahm und Potsdam verließ, kann der französische Philosoph nach Fertigstellung dieses Schlossflügels ab Herbst 1765 dort nur wenige Male gewohnt haben.
9 SPSG, GK II (1) 756. Skizze zur Raumnutzung des Erdgeschosses, um 1795. Vgl. Rumpf, 1794.
10 Wie Anm. 7.
11 SPSG, Plansammlung, GK II (1) 784. Skizze zur Raumnutzung des 1. Obergeschosses, um 1795. Vgl. Rumpf, 1794.
12 BPZ, 90, 28.7.1768 – Nr. 86, 19.7.1785, Rödenbeck, Bd. II und III.
13 BPZ, Nr. 90, 28.7.1768; Rödenbeck, Bd. II, 1841, S. 303; Graf, 2012, S. 294.
14 BPZ, Nrn. 87–90, 22.7.1768, 27.7.1768 und 29.7.1768; Rödenbeck, Bd. II, 1841, S. 323.
15 Rödenbeck, Bd. II, 1841, S. 326.
16 Rödenbeck, Bd III, 1842, S. 25.
17 Graf, 2012, S. 295.
18 Die schwedischen Gäste wohnten während ihrer Anwesenheit im Stadtschloss Potsdam, BPZ, Nr. 51, 27.4.1771; Rödenbeck, Bd. III, 1842, S. 44.
19 Rödenbeck, Bd. III, 1842, S. 58.
20 Die Autoren waren nicht zu ermitteln.
21 BPZ, Nr. 82, 9.7.1772; Rödenbeck, Bd. III, S. 61.
22 GStA PK, I. HA GR, Rep. 36, Nr. 842, o. P.; Rödenbeck, Bd. III, 1842, S. 80 f.; Graf, 2012, S. 295.
23 Der Autor war nicht zu ermitteln.
24 Nicolai, 1769, S. 536 (Nachdruck Potsdam 1990); SPSG, GK II (1) 784.
25 Der Autor war nicht zu ermitteln.
26 Schneider, 1864, S. 1–6.
27 BPZ, Nr. 86, 19.7.1785; Rödenbeck, Bd. III, 1841, S. 329 f.

Das Neue Palais nach dem Tod Friedrichs des Großen (1787–1858)

1 GStA PK, I. HA, Rep. 36, Nr. 864, nicht foliert.
2 GStA PK, I. HA, Rep. 36, Nr. 862, S. 1.
3 GStA PK, BPH, Rep. 113, Nr. 2698, S. 23.
4 GStA PK, BPH, Rep. 113, Nr. 2698, S. 46–48, Pro Memoria vom 17.8.1805.
5 Bauer/Knitter/Ruppert, Militärbauten, 1993, S. 53.
6 SPSG, Hist. Akten Nr. 262, S. 83.
7 Giersberg, 1998, S. 95; Kirschstein, 2014a, S. 73.
8 GStA PK, BPH, Rep. 113, Nr. 1301, S. 45.
9 GStA PK, BPH, Rep. 113, Nr. 1302, S. 84 f.
10 Der genaue Ort des Gottesdienstes wurde nicht genannt.
11 GStA PK, BPH, Rep. 113, Nr. 1306, S. 56. Einladung am 26.6.1833.
12 GStA PK, BPH, Rep. 113, Nr. 1306, S. 143. Einladung am 14.10.1834.
13 GStA PK, BPH, Rep. 113, Nr. 1302, S. 92 und 114.
14 Zuchold, 2002, S. 7–11.
15 GStA PK, BPH, Rep. 113, Nr. 1303, o. P., Graf Brühl an das Hofmarschallamt vom 22.9.1827.
16 GStA PK, BPH, Rep. 113, Nr. 1304, S. 201.
17 Der Tisch befindet sich im Kunstgewerbemuseum der Staatlichen Museen Preußischer Kulturbesitz in Berlin; Wittwer, 2007, S. 370.
18 Wittwer, 2007, S. 370–373. Ich danke Samuel Wittwer für diesen freundlichen Hinweis.
19 SPSG, Hist. Akten, Nr. 265, S. 112.
20 SPSG, Hist. Akten, Nr. 266, S. 36, 77, 85.
21 SPSG, Hist. Akten, Nr. 265, S. 121.
22 Handbuch über den preußischen Hof und Staat, Jg. 1852–1855.

Kaiser Friedrich III. (1859–1888)

1 Reichelt, 2001, S. 26.
2 Reichelt, 1992, S. 34.
3 Reichelt, 2001, S. 28.
4 Gruhl, 2001, S. 18–25.
5 Der noch heute als »Prinzentreppe« bezeichnete Aufgang geht auf die Nutzung durch Prinz Friedrich Wilhelm (des späteren Kaiser Friedrichs III.) zurück.
6 Sophie von Bergh ist 1866 zum letzten Mal als Bewohnerin des Neuen Palais nachweisbar; SPSG, Hist. Akten, Nr. 266, S. 208.
7 Paget, 1997, S. 61.
8 Fulford, Bd. I, 1964, S. 251.
9 Fulford, Bd. I, 1964, S. 276.
10 GStA PK, BPH, Rep. 113, Nr. 179, S. 78. Zum ersten Mal wurden die Wände

153 GStA
S. 85f
Komn
10.4.1
154 GStA
S. 184
vom 4
155 GStA
S. 116c
Eulenl
156 GStA
S. 36f.
dantu
vom 1
157 GStA
S. 130.
Günte
158 GStA
S. 206
Günte
159 GStA
S. 233.
vom 2
160 Nach
Morsc
bis 192
lais. Es
die Di
bezog.
161 SPSG,
danke
für die
162 Emil S
zung ir
Palais
1878 zc
Gärtne
Sansso
diesen
163 Wacke
S. 7.
164 Immelr
lan des
165 SPSG,
166 SPSG,
mals w
Telegra
Neuen
167 GStA P
168 Schöne
169 GStA P
S. 136.;

1862 bei der Taufe des Prinzen Heinrich mit Seide dekoriert.

11 GK I 7732, Teilkopie nach dem Correggio-Gemälde »Ecce homo« in der National Portrait Gallery. Nach 1918 dem Haus Hohenzollern zugesprochen, heute Burg Hohenzollern (Christuskapelle). Ich danke Franziska Windt und Stefan Schimmel für diese Hinweise.

12 Alexandrine (1842–1906), zweite Tochter des Prinzen Albrecht von Preußen (1809–1872).

13 GStA PK, BPH, Rep. 113, Nr. 179, S. 68f.

14 Waldemar wurde am 10. Februar 1868 im Berliner Kronprinzenpalais geboren und auch dort getauft.

15 Die Bezeichnung »Thronzimmer« für diesen Raum geht auf seine Nutzung als Taufkapelle zurück. Die Ösen zur Befestigung des Baldachins über der Voute sind in situ erhalten. SPSG, Hist. Inventare 719 Neues Palais 1895 IIa, S. 166. In den Inventaren von 1784 und 1799 wird der Raum als Speisezimmer bezeichnet.

16 Meisner, 1929, S. 194.

17 Meisner, 1929, S. 195.

18 Meisner, 1929, S. 212.

19 Mit der Wahl des Namens wurde an Prinz Heinrich von Preußen (1726–1802), den jüngeren Bruder Friedrichs des Großen, erinnert; Meisner, 1929, S. 156.

20 Fulford, Bd. II, 1968, S. 317.

21 SPSG, Hist. Akten, Nr. 267, S. 81.

22 SPSG, Hist. Akten, Nr. 267, S. 82.

23 Röhl, Bd. I, 1993, S. 141.

24 Viktoria Luise, 1970, S. 139.

25 Die ovalen Fenster erhielten aufgrund ihrer besonderen Form diese Bezeichnung.

26 Wilhelm II., 1927, S. 34.

27 SPSG, GK II (1) 809. Der 230qm große Saal entstand zwischen 1784 und 1799. Vermutlich diente er im späten 18. Jahrhundert als Raum für die Marschalltafel. 1828 wird der Saal zur Aufbewahrung von Möbeln und Gemälden genutzt. Hist. Inventare, Nr. 406, Neues Palais 1828, S. 56–58.

28 SPSG, Hist. Akten Nr. 266, S. 187.

29 Meiner, 2014, S. 13.

30 SPSG, Hist. Akten, Nr. 267, Logierliste 1867, S. 1–3.

31 Dorst, 2012, S. 20; Ich danke Klaus Dorst für diesen freundlichen Hinweis; SPSG, GK II (1) 1071, o.D,; SPSG, Hist. Akten, Nr. 477, o.P., Freiherr Hugo von Reischach an Philipp Morsch vom 16.12.1891.

32 Bartoschek, 2012, S. 304–309.

33 Ponsonby, 1929, S. 64.

34 Röhl, 1993, Bd. I, S. 119.

35 Meisner, 1929, S. 430.

36 SPSG, GK II (1) 1207.

37 Mühlnikel, 2014, S. 123.

38 SPSG, Hist. Akten, Nr. 268, S. 41.

39 SPSG, Hist. Akten, Nr. 268, S. 36.

40 SPSG, Hist. Akten, Nr. 268, S. 38a.

41 SPSG, Hist. Akten, Nr. 268, S. 49.

42 SPSG, Hist. Akten, Nr. 268, S. 49.

43 SPSG, Hist. Akten, Nr. 267, S. 88.

44 SPSG, Hist. Akten, Nr. 341, S. 6.

45 Vermutlich Spülkasten.

46 SPSG, Hist. Akten, Nr. 344, S. 38–44.

47 SPSG, Hist. Akten, Nr. 267, S. 204.

48 SPSG, Hist. Akten, Nr. 335, S. 76–87.

49 Das Obere Konzertzimmer (R. 260) wurde gelegentlich auch als Wohnzimmer bezeichnet.

50 Bertie war der Kosename für den späteren König Eduard VII. von Großbritannien (Bruder der Kronprinzessin Victoria). Marlborough House galt seit 1863 als gesellschaftlicher Mittelpunkt Londons.

51 Fulford, Bd. III, 1971, S. 24.

52 SPSG, Hist. Akten, Nr. 267, S. 179.

53 SPSG, Hist. Akten, Nr. 267, S. 183.

54 SPSG, Hist. Akten, Nr. 267, S. 184f.

55 SPSG, Hist. Akten, Nr. 268, S. 177; SPSG, Hist. Akten, Nr. 344, S. 83f.

56 Harksen, 1993, S. 262.

57 SPSG, GK II (1) 1059.

58 Schröder, 2004. S. 2.

59 Wagener, 1875, S. 196.

60 SPSG, GK II (1) 12030, Entwurfsplan für das Parterre am Neuen Palais, um 1864; Wacker, 1993, S. 269, Wacker, 2001, S. 34.

61 Wacker, 2001, S. 37.

62 Wagener, 1875, S. 197.

63 Fulford, Bd. II, 1968, S. 210.

64 Fulford, Bd. II, 1968, S. 251f.

65 Hierbei handelt es sich nicht um das Modellfort, das in der Literatur irrtümlich als Prinzenspielplatz bezeichnet wird.

66 Wagener, 1875, 197.

67 Fulford, Bd. II, 1968, S. 210.

68 Hüneke, 2000, S. 109. Die Bronzegruppe (Skulp.slg 3748) befindet sich seit 1904 im Innenhof des Gartendirektionsgebäudes unterhalb des Schlosses Sanssouci.

69 Fulford, Bd. II, 1968, S. 207f.

70 Wagener, 1881 S. 389–394. Die Borkenhütte wurde vor 1873 in das Heckentheater am Neuen Palais umgesetzt und seitdem als Rauchkabinett für die Dienerschaft genutzt.

71 Wagener, 1875, S. 198.

72 GStA PK, BPH, Rep. 52, F I, 70, Jg. 1875, Zeitungsartikel im Tagebuch, o. D.; GStA PK, BPH, Rep. 52, F I, 7p, Jg. 1876, Der lieben Sophie ihr Geburtstag, Zeitungsartikel vom 14.6.1876, S. 97.; Artelt 1895, S. 82.

73 Wagener, 1875, S. 199; Artelt, 1895, S. 81.

74 Fulford, Bd. III, 1971, S. 186.

75 Wagener, 1875, S. 200; Wagener, 1881, S. 393. Das Geschütz wurde vor 1881 in das Heckentheater am Neuen Palais versetzt.

76 Wagener, 1881, S. 393; Wimmer, 1998, S. 14.

77 Zak, 2014, S. 28. Ich danke Gerd Schurig für den Hinweis auf die Masterarbeit von Marianne Zak »Lawn Tennis – Die vergessene Leidenschaft«.

78 SPSG, GK II (1) 12115; Wacker, 1993, S. 276.

79 Nietner, Gärtnerisches Skizzenbuch, 1882, Tafel XXVII; Wimmer, 1998, S. 18.

80 Ponsonby, 1929, S. 299.

81 Wilhelm II., 1927, S. 356.

82 Conte Corti, 1954, S. 521.

83 GStA PK, Rep. 89, Nr. 20713, S. 144.

84 Conte Corti, 1954, S. 528. Wilhelm II., der als Kronprinz Zeuge der Begegnung war, nennt als Ort des Treffens »ein nach der Gartenseite des Neuen Palais hinaus liegenden Zimmer.«; Wilhelm II., 1927, S. 359.

85 Gundermann, 1988, S. 184.

Dank

Der größte Teil der veröffentlichten Abbildungen befindet sich im Besitz der Stiftung Preußische Schlösser und Gärten Berlin-Brandenburg (SPSG). Für die Bereitstellung des Bildmaterials danke ich dem Leiter des Dokumentationszentrums, Dr. Jürgen Becher, und seinen Mitarbeiterinnen. Dem Fachbereichsleiter der Fotowerkstatt der SPSG, Wolfgang Pfauder, und seinem Kollegen Daniel Lindner danke ich für die Anfertigung von Neuaufnahmen. Der Gartendenkmalpfleger Gerd Schurig (SPSG) unterstützte mich mit seinen Forschungen und prüfte die Textpassagen zu den Gartenanlagen am Neuen Palais.

Der Kulturstiftung des Hauses Hessen und der Leiterin des Archivs, Christine Klössel, bin ich zu großem Dank verpflichtet, dass in diesem Buch die historischen Fotografien des Neuen Palais, aus dem Nachlass der Kaiserin Friedrich, zum ersten Mal veröffentlicht werden dürfen. Einen wichtigen Einblick, wie Kaiserin Auguste Victoria die Novemberevolution 1918 im Neuen Palais erlebte, gaben Aufzeichnungen, die im Archiv des Hauses Schleswig-Holstein aufbewahrt werden. Für den Zugang zu dieser Korrespondenz bin ich Elisabeth Prinzessin zu Ysenburg zu großem Dank verpflichtet.

Ohne den Hinweis von Michaela Blankart auf die englische Ausgabe der Tagebücher der Kaiserin Friedrich wären mir wichtige Einzelheiten aus dem Leben der Princess Royal im Neuen Palais verborgen geblieben, dafür herzlichen Dank.

Für die militärhistorische Beratung und die präzise Benennung der Uniformen Friedrichs III. und Wilhelms II. möchte ich Matthias W. Moritz (†) herzlich danken.

Für die unkomplizierte Hilfe bei der Identifizierung von Gemälden in den Wohnungen Friedrichs III. und Wilhelms II. konnte ich auf das große Fachwissen von Dr. Alexandra Nina Bauer und Gerd Bartoschek zurückgreifen, denen ich überaus dankbar bin. Für die zahlreichen Anregungen, die Gespräche über das Neue Palais und die gründliche Prüfung der Texte bin ich Markus Wicke, Marc Jumpers, Bärbel Stranka und Dr. Jörg Meiner zu großem Dank verpflichtet.

Schließlich danke ich für die großzügige Unterstützung in alphabetischer Reihenfolge: Klaus Dorst, Ulrich Feldhahn, Astrid Fritsche, Jörg Geller, Dr. Burkhardt Göres, Dr. Henriette Graf, Saskia Hüneke, Dr. Käthe Klappenbach, Jana Kuste, Annette Mertens, Lideke Peese-Binkhorst, Frank Reich, Liesbeth Ruitenberg, Rudolf Scharmann, Stefan Schimmel, Claudia Sommer, Jens Straßburger, Dr. Franziska Windt, Dr. Samuel Wittwer, Marianne Zak und Evelyn Zimmermann.

Der Autor

Jörg Kirschstein, geboren 1969, studierte in Potsdam Archivwesen und arbeitet seit 1999 bei der Stiftung Preußische Schlösser und Gärten Berlin-Brandenburg, seit 2022 ist er Leiter des Neuen Palais. Als ausgewiesener Kenner des deutschen Kaiserhauses war Kirschstein verantwortlich für zahlreiche Ausstellungen. Zuletzt erschienen von ihm im BeBra Verlag »Kronprinzessin Cecilie – Die Bildbiographie der letzten deutschen Kronprinzessin« (3. Auflage, 2012), »Das Potsdamer Stadtschloss – Vom Fürstensitz zum Landtagsschloss« (2014) und 2021 »Auguste Victoria – Porträt einer Kaiserin«.